Equilíbrio e Postura Corporal

BASES NEUROFISIOLÓGICAS E SUA IMPORTÂNCIA NAS ATIVIDADES MOTORAS

CIP — BRASIL. CATALOGAÇÃO NA PUBLICAÇÃO
SINDICATO NACIONAL DOS EDITORES DE LIVROS, RJ

R312e

Reis, José Carlos Ferreira

Equilíbrio e postura corporal : bases neurofisiológicas e sua importância nas atividades motoras / José Carlos Ferreira Reis ; coordenação Alexandre F. Machado. — 1. ed. — São Paulo : Ícone, 2017.
160 p. : il. ; 23 cm.
Inclui bibliografia

ISBN: 978-852-741-296-4

1. Educação física — Estudo e ensino. I. Machado, Alexandre F. II. Título.

17-39838 CDD: 372.86
CDU: 37.091.26

17/02/2017 17/02/2017

José Carlos Ferreira Reis

Equilíbrio e Postura Corporal

BASES NEUROFISIOLÓGICAS E SUA IMPORTÂNCIA NAS ATIVIDADES MOTORAS

Coordenação Editorial:
Alexandre F. Machado

1ª edição
Brasil – 2017

Ícone editora

Capa e diagramação
Regina Paula Tiezzi

Revisão
Fabrícia Romaniv

ÍCONE EDITORA LTDA.
Rua Javaés, 589 – Bom Retiro
CEP: 01130-010 – São Paulo/SP
Fone/Fax.: (11) 3392-7771
www.iconeeditora.com.br
iconevendas@iconeeditora.com.br

DEDICATÓRIA

Dedico esta obra à minha filha, Isabela dos Anjos Reis, fruto de minha motivação para produzir e trabalhar. Que ela possa ter-me como exemplo e trilhar um caminho que a leve, acima de tudo, à felicidade.

AGRADECIMENTOS

Primeiramente a Deus por me fornecer "iluminação".

À minha mãe, Valdete Ferreira da Silva Reis, pela educação que me fez chegar às minhas conquistas.

Aos avaliadores pela forma que analisaram essa obra, credenciando-a, e pelas orientações que contribuíram para o enriquecimento da mesma.

Aos colegas de profissão que disseram ou fizeram ações que proporcionaram o desenvolvimento de novas ideias a serem expressas neste trabalho.

FOLHA DE APROVAÇÃO

A presente obra foi aprovada e recomendada pelo conselho editorial à sua publicação na forma atual.

SUMÁRIO

1

INTRODUÇÃO

1.1. DEFINIÇÕES

As unidades individuais devem ser suficientemente pesadas para terem uma existência gravitacional significativa. No corpo humano, cabeça, tórax e pelve são grandes segmentos corporais formados por elementos menores, sendo importantes no que diz respeito à gravidade, devido às diferenças de ocupação no espaço e de suas massas.

Foram colocados blocos dentro de um saco plástico bem fino, fazendo com que as variações no estiramento do mesmo denunciassem a tensão e o deslocamento dos blocos. Concluiu-se que somente os empilhando verticalmente, com seus centros de gravidade uns sobre os outros, poderia se obter um arranjo estável. Porém, a constituição humana não é assim tão simples, pois seus blocos são grupos de componentes menores que podem ou não estar em justaposição acarretando ou não tensão.

Na coluna, por exemplo, as vértebras são unidas por almofadas elásticas que lhes permitem inclinar e girar em várias direções. Observando-se que, tais como os blocos, o homem está em um "saco", constituído pelo maior órgão do corpo humano, a pele, é possível perceber que a tensão espalha-se por toda a extremidade corporal, sendo assim necessário que haja um mecanismo de controle que as alinhe, a fim de diminuir essa tensão.

A esse mecanismo chamamos de atividade postural, que pode ser definida como o mais proveitoso alinhamento do corpo, a cada momento, não existindo uma postura única, sendo possível descrever muitas posturas estáticas e dinâmicas, como a postura sentada, em pé, para a caminhada, a corrida ou para realização de qualquer conduta motora dentro do esporte. Assim, não existe, verdadeiramente, uma só postura correta, cada indivíduo exibe uma grande e variada quantidade de posturas funcionais, podendo ocorrer mudanças durante o percurso da vida.

Em um enfoque biomecânico, postura é uma resposta neuromecânica que visa à manutenção do equilíbrio. O sistema estará em equilíbrio quando as forças que agem sobre ele têm como resultante zero e só possuirá estabilidade, se, depois de uma perturbação, retornar, novamente, à posição de equilíbrio.

A finalidade da atividade postural é manter a estabilidade do sistema musculoesquelético, envolvendo a manutenção da posição do sistema relativo a uma base de suporte e assegurar a orientação desejada dos segmentos corporais envolvidos no movimento.

Empiricamente, o equilíbrio consiste na capacidade de controlar adequadamente o corpo para manter e recuperar a postura balanceada. Entretanto, quando pretendemos enfocar o assunto de maneira mais científica, surgem algumas dificuldades, tal a quantidade de fatores que interferem em sua apresentação.

O equilíbrio é uma função muito complexa, no qual intervêm e integram-se muitos fatores de diferentes naturezas (física, psicológica e emocional), sendo considerado por Palmisciano (1994) um fenômeno multimodal.

Do ponto de vista psicomotor, o equilíbrio é uma qualidade coordenativa específica, fruto da sensação da postura balanceada. O equilíbrio evidencia-se como a capacidade que permite a manutenção e a recuperação da posição estática e dinâmica com respeito à força da gravidade, destacando-se como requisito de ordem psicomotor do movimento e elemento constituinte do esquema corporal.

Do ponto de vista físico (mecânico), o corpo humano encontra-se em equilíbrio quando a soma das forças e dos movimentos aplicados sobre ele é nula e o corpo está em posição adequada em relação à linha da gravidade (a linha que passa verticalmente pelo centro de gravidade), estando todas as forças internas (contrações musculares) assegurando a manutenção da posição.

Força, nesse sentido, é a causa do movimento, podendo ser o movimento linear, se a força aplicada passar pelo centro de gravidade; rotatório (angular), se a força aplicada não passar pelo centro de gravidade; ou composto, se é o resultado de uma combinação das duas formas anteriores.

O centro de gravidade de um corpo é o ponto no qual o seu peso age independentemente da orientação desse corpo em relação ao chão. Mc Ginnis (2002) o define como o ponto imaginário no espaço, a partir do qual a força da gravidade atua naquele objeto. A projeção do centro de gravidade do corpo humano pode cair dentro ou fora dos limites da base de apoio do corpo, especialmente se o mesmo estiver numa posição de pronunciada flexão ou extensão dos quadris ou do tronco.

O momento é a medida da rotação geralmente causada em âmbito desportivo por um par de forças de igual direção e intensidade, porém com sentido oposto e aplicadas em dois pontos diferentes do corpo. O momento é proporcional ao valor e à distância do ponto de aplicação das forças (braço de rotação). Quanto maior for a intensidade das forças aplicadas e maior a distância do ponto de aplicação dessas forças, maior será o momento aplicado, acarretando maior rotação ao corpo (ROBERTSON *et al.*, 2004).

Na discussão, até o momento, foi considerado que o corpo é rígido, indeformável, sendo a distância relativa entre os pontos que o constituem invariável. Entretanto, o homem é um ser que se move, sendo essa movimentação garantida pelo conjunto de ossos e músculos que se articulam entre si, chamado par biocinético, comandados pelo sistema nervoso.

Assim, o equilíbrio de um corpo vivo é completamente diferente de um objeto, pois o homem é capaz de, quando perde o equilíbrio, exercer reações de acomodação e de recuperação, atuando preferencialmente, sobre os músculos sinérgicos tônicos. Da mesma forma, por causa da posição bípede, da respiração e da movimentação dos seus diversos segmentos (braço, perna, cabeça etc.), o centro de gravidade do homem desloca-se continuamente. Lapierre (1978) destaca que o centro de gravidade do corpo humano, corpo articulado, capaz de múltiplas atitudes, muda de lugar a cada momento. Com isso, percebe-se que o equilíbrio biomecânico é caracterizado por uma pseudoestabilidade.

1.2. POSTURA

A postura é a função que permite controlar o corpo colocando-o em uma posição adequada para determinada tarefa. Ela está fortemente ligada ao equilíbrio reflexo. Turek (1991) a considera como a relação posicional das regiões do corpo entre si, podendo-se apresentar de três formas básicas: ereta, sentada e deitada.

O controle postural é precisamente o conjunto dos processos estáticos e dinâmicos que condicionam a posição do corpo e de suas partes móveis no espaço. Esses processos devem agir em conformidade em função da manutenção e da orientação característica do corpo em relação à força da gravidade e à atitude em curso e de modo ótimo com respeito à constituição individual, ante a realização de um movimento.

A manutenção da postura erguida se realiza através de reflexos labirínticos relacionados às sensações proprioceptivas do pescoço, que conduzem o endireitamento da cabeça. Da mesma maneira, os reflexos vestibulares fásicos permitem posições dinâmicas antecipatórias que atuam na manutenção da postura. Por exemplo, se um sujeito se desequilibrar para trás, uma reação tônica da musculatura extensora acontece como antecipação à perda do equilíbrio, recuperando a posição. Outro fator de importância na manutenção da posição erguida é a atuação dos mecanoceptores plantares que, através da pressão no chão, estimulam a musculatura extensora (fenômeno do golpe extensor reflexo) a atuar contra o provável desequilíbrio do corpo.

O controle dos parâmetros espaciais e temporais dos movimentos se baseia no controle espacial dos segmentos corporais, determinado principalmente pelos receptores articulares, cuja atividade é substancialmente consciente.

Algumas investigações têm confirmado que os analisadores sinestésicos dos membros inferiores exercem um papel secundário no que se refere à atitude erguida, em comparação aos analisadores vestibulares. Outros estudos confirmam a importância da participação da movimentação angular da musculatura tibiotársica sobre a oscilação do corpo, evidenciando o papel do reflexo miotático e sinestésico no controle corporal em atitude erguida.

Experiências têm mostrado que o treinamento específico conduz a uma significativa melhora na atividade postural, proporcionando um aumento na eficiência do gesto motor, bem como uma economia de esforço cada vez melhor.

1.3. IMPORTÂNCIA DO EQUILÍBRIO

O paradigma adaptacionista das ciências biológicas é o que normalmente serve de modelo teórico para explicar as mudanças de rendimento físico obtidas com o treinamento desportivo, utilizando-se para isso dos princípios da sobrecarga e da especialização adaptativa (PEREIRA, 1995).

Segundo Rosadas (1991), o equilíbrio é um dos sentidos básicos que permitem o ajuste do homem ao meio. Há um grande número de fatores interferindo em sua atuação. O aspecto fisiológico recai nas atuações do ouvido interno, no sentido da visão e no sistema nervoso central. Ele destaca, ainda, que o equilíbrio e a coordenação são requisitos básicos para as relações humanas. Do equilíbrio depende o corpo para manter-se de pé, sendo a sua mobilidade fruto do coordenado relacionamento das partes do corpo. Assim, nota-se que o equilíbrio está intimamente ligado à coordenação, e estas valências motoras são dependentes da integridade e do desempenho do sistema nervoso e muscular sincronizados.

Percebe-se assim uma relação próxima entre equilíbrio e coordenação motora. Silva e Giannichi (1995) e Zakharov (1992) destacam que o equilíbrio corporal deve ser visto como resultado ou inter-relação da coordenação motora, pois para se equilibrar é inquestionável a necessidade desta.

Bass (1993) destaca que a habilidade de se equilibrar, tanto estática quanto dinamicamente, depende da função do mecanismo nos canais semicirculares; da sensação cinestésica nos músculos, tendões e articulações; da percepção visual do corpo em movimento e da habilidade de coordenar essas três fontes de estímulos.

Marins e Giannine (1996) destacam ainda que o equilíbrio é uma capacidade importante usada nas atividades do dia a dia, como também na maioria dos jogos e atividades desportivas.

Platonov e Bulatova (1998), destacam que o equilíbrio manifesta-se nas posições corporais mais variadas, em condições estáticas e dinâmicas, com e sem apoio. Em outras modalidades desportivas as manifestações de equilíbrio são menos variadas, mas desempenham papel importante para lograr resultados. Basta analisar o arsenal de ações motoras em halterofilismo, lançamentos de atletismo, saltos, ciclismo, esqui, remo e natação. Cada um desses esportes planteia suas próprias exigências de equilíbrio e exige uma metodologia correspondente para aperfeiçoar esta capacidade.

Palmisciano (1994) relata que toda ação motora, especialmente se é complexa, só pode ser completada com sucesso se o corpo está em equilíbrio. É impossível, por exemplo, cortar uma bola com potência e precisão no voleibol ou chutar uma bola no futebol, se o atleta está desequilibrado.

Esse fato pode ser comprovado observando os atletas de voleibol de quadra que se aventuram a jogar no voleibol de areia. O rendimento desses atletas cai muito, e, até mesmo, atletas mais potentes não conseguem expressar essa qualidade física nos saques ou cortadas na areia. Isso ocorre porque esses atletas se deparam com um piso totalmente irregular e macio, como também a ação do vento sobre a bola, exigindo dos mesmos um mecanismo de ajuste postural inconsciente, que pode ser treinado, porém requer tempo para ser adquirido.

Apesar de sua importância, percebe-se que o assunto não apresenta um referencial teórico bem desenvolvido na literatura desportiva brasileira, e o contexto atual do treinamento a coloca em segundo plano nos seus programas.

Nota-se, também, que nenhum esforço é feito no sentido de treinamento e desenvolvimento da capacidade de equilíbrio corporal no âmbito de atividades desportivas de alto rendimento. Talvez isso seja um engano muito grande, pois o equilíbrio é uma qualidade física essencial dentro do contexto desportivo, principalmente em esportes com grande solicitação malabarística e na maioria dos desportos coletivos. Deve-se considerar ainda que quanto mais rapidamente um movimento do corpo inteiro ou de partes segmentadas for realizado, mais necessários serão a precisão, o equilíbrio e a coordenação em suas formas mais críticas. Portanto, o treinamento nessas condições representa o estímulo capaz de provocar reações de adaptação na quantidade de desempenho deste sistema integrado.

2

CLASSIFICAÇÃO DO EQUILÍBRIO

O equilíbrio é uma qualidade física componente do grupo das qualidades físicas da habilidade motora, estando intimamente relacionado ao esquema corporal. Diversos autores, quando se referem ao equilíbrio, apresentam classificação própria, não existindo ainda uma unicidade de termos sobre o assunto. Isso acontece porque o equilíbrio é uma habilidade estudada por diversas áreas do conhecimento: Medicina, Fisioterapia, Fonoaudiologia, Biomecânica, Física, Psicomotricidade e outras, cada uma apresentando uma terminologia peculiar. Esse fato torna-se ruim, pois as descobertas de um podem não ser completamente entendidas por outros, dificultando o crescimento da literatura sobre o assunto.

Na tentativa de aclarar esse fato, serão apresentadas as principais classificações referentes ao equilíbrio, com a intenção de divulgá-las e, assim, proporcionar aos estudiosos a escolha da nomenclatura que melhor se adeque aos seus trabalhos.

Castañer e Camerindo (1993) fazem uma distinção entre duas fórmulas básicas de equilíbrio: estático e dinâmico. Segundo eles, o equilíbrio estático refere-se ao fato de se conseguir manter uma postura estática vencendo forças externas (gravidade, forças aplicadas por outros indivíduos, por fatores da natureza e etc.), enquanto o equilíbrio dinâmico refere-se ao fato de recuperar o equilíbrio, após a perda do mesmo, por meio do deslocamento da projeção do centro de gravidade de fora para dentro da base de sustentação do corpo.

Palmisciano (1994), além do equilíbrio estático e dinâmico, cita o equilíbrio em voo e o equilíbrio rotatório. Ele relata que o equilíbrio em voo apresentando-se como um tipo de equilíbrio dinâmico, cuja fase mais significativa biomecanicamente é a chegada ao solo, com amortecimento, tendo o indivíduo que manter a posição na aterrissagem, como nas chegadas das provas de ginástica artística. O equilíbrio rotatório, também outro tipo de equilíbrio dinâmico, é a habilidade que permite ao corpo, mesmo sofrendo a influência de um momento angular, acarretando ao mesmo um movimento rotatório, manter a postura "ótima" capaz de reagir a um estímulo ou realizar uma ação perfeita, e ainda executar uma boa aterressagem na chegada ao solo.

Fetz (1989) citado por Weineck (1999) destaca que a capacidade de equilíbrio corporal pode apresentar diversas formas e que essas Variações devem ser levadas em consideração durante o processo de treinamento (Fig. 1).

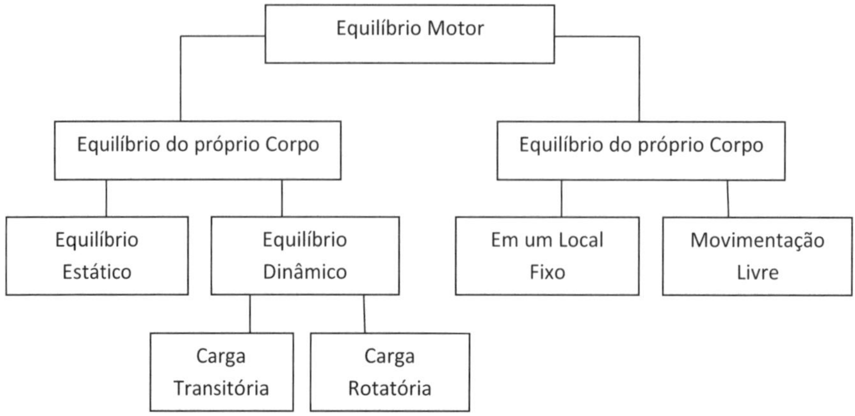

Fig. 1. Classificação do equilíbrio (FETZ, 1989)

2.1. POSIÇÕES DE EQUILÍBRIO

Palmisciano (1994) relata que um corpo rígido, deslocando de uma posição, pode assumir as seguintes posições de equilíbrio se (Fig. 2):

a) voltar a posição de partida: equilíbrio estável;

b) permanecer na nova posição: equilíbrio indiferente;

c) seguir afastando-se: equilíbrio instável;

d) voltar à posição de partida, em deslocamentos muitos limitados: equilíbrio misto.

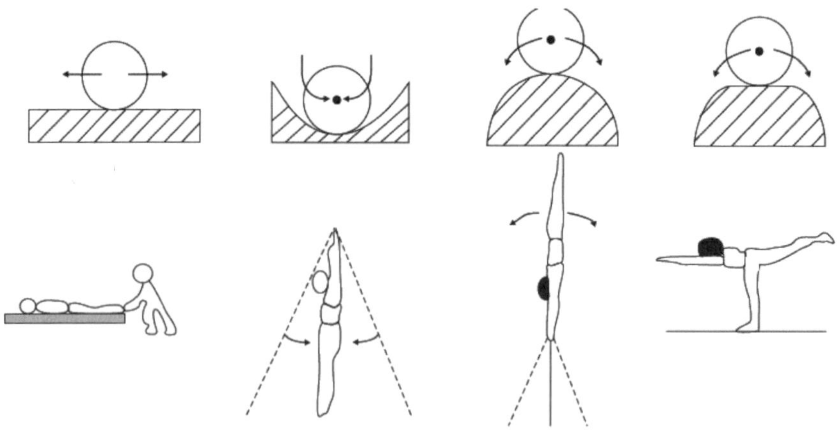

Fig. 2. Posições de equilíbrio: indiferente, estável, instável e misto

No equilíbrio indiferente, a estabilidade se mantém, seja qual for a translação (deslocamento linear) e o ângulo de rotação em que o corpo é submetido. Na Educação Física e no esporte esse fato não é frequente.

Na mecânica, um corpo rígido colocado de modo que possa girar em torno de um eixo, ao estabelecer um vínculo com outro corpo, em que no âmbito da Educação Física é constituído por um aparato ou pelo solo, pode assumir várias posições de equilíbrio. Nesse sentido, segundo Manoni (1985), um corpo de um ginasta rígido pode assumir as seguintes posições.

2.1.1. Equilíbrio estável

Quando o eixo de rotação (o vínculo) intercepta a vertical acima do centro de gravidade. Cada movimento angular do corpo ao redor do eixo de rotação é anulado pelo regresso espontâneo do corpo a posição inicial.

2.1.2. Equilíbrio instável

Quando o eixo de rotação (o vínculo) intercepta a vertical abaixo do centro de gravidade. Esta posição de equilíbrio é muito difícil e requer muita habilidade e força para ser mantida.

2.1.3. Equilíbrio misto

Quando o eixo de rotação está situado como no equilíbrio instável, porém com uma extensão da superfície de apoio, que constitui o vínculo, com o aparato abaixo do centro de gravidade, tal que permita o corpo experimentar uma limitada margem de estabilidade. Este é o tipo mais frequente de equilíbrio.

A utilidade das classificações anteriores cresce de importância no campo da Educação Física e dos desportos. O equilíbrio misto é o que mais aparece na motricidade humana, enquanto que o equilíbrio estável e o instável são menos frequentes. Um exemplo de equilíbrio misto é a posição bípede adotada pelo homem.

2.2. CLASSIFICAÇÃO FISIOLÓGICA DO EQUILÍBRIO

Castañer e Camerindo (1993) distinguem também, sob um enfoque mais fisiológico, três tipos de equilíbrio.

2.2.1. Equilíbrio reflexo

O que se dá em uma ação reflexa, antes a um desequilíbrio inesperado, como quando se tenta manter a postura bípede após um escorregão.

2.2.2. Equilíbrio automático

Enquadra-se dentro dos movimentos utilitários automatizados, dentro da vida cotidiana, que permite ações como andar, correr, andar de bicicleta, etc.

2.2.3. Equilíbrio voluntário

Aplicado na ação motora programada em que a atenção deve estar voltada totalmente para o movimento, como no andar sobre uma corda esticada no ar.

3

BIOMECÂNICA DO EQUILÍBRIO

Nos estudos de movimento é possível aplicar ao corpo humano os métodos de investigação, os princípios, as leis e os conceitos próprios da física, em especial os da mecânica. A biomecânica é precisamente a mecânica dos corpos vivos e o resultado de suas aplicações, sendo definida por Mc Ginnis (2002) como o estudo das forças e seus efeitos nos sistemas vivos.

Não é possível fazer qualquer investigação referente ao equilíbrio de um corpo vivo, sem considerar os aspectos biomecânicos envolvidos nesse corpo no momento. Os conceitos provenientes da física permitem-nos entender vários aspectos sobre o corpo parado ou em movimento, fato que pode ajudar a tornar as ações humanas mais precisas e econômicas.

3.1. EQUILÍBRIO ESTÁTICO

Para que um corpo esteja em equilíbrio estático, são necessárias três condições básicas:

a) A soma (a resultante) de todas as forças externas aplicadas ao corpo terá que ser nula (primeira lei de Newton, o princípio da inércia);

b) A soma de todos os momentos externos aplicados ao corpo terá de ser nula (primeira lei de Newton no movimento angular);

c) Todas as forças internas têm que assegurar a manutenção da posição: isto pode acontecer mediante ajustes tônicos. Este é o primeiro critério ou condição geral para que um corpo esteja em equilíbrio estático. Um segundo critério é que a projeção da linha de gravidade caia dentro da base de apoio (Fig. 3).

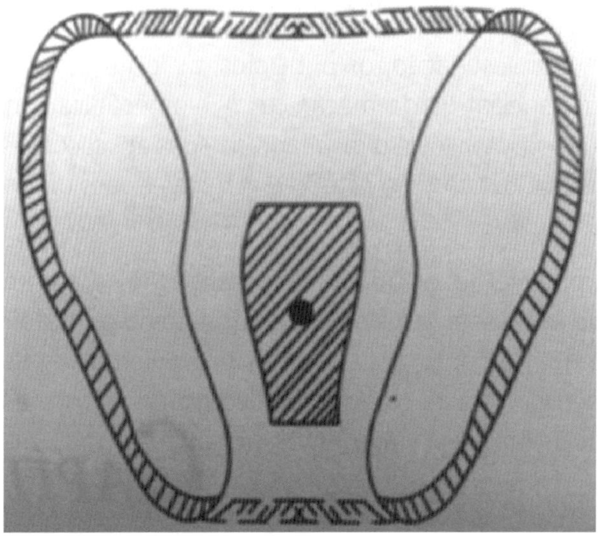

Fig. 3. Base de apoio do corpo na posição em pé

Quanto mais próximo da base de sustentação cai a linha de gravidade, mais estável é a postura do corpo. Sobre essa relação, pode-se destacar três tipos de zona de equilíbrio: zona de equilíbrio ótimo, que corresponde a parte mais interna do polígono, delimitada pela borda interior dos pés; zona de equilíbrio precário, que constitui a parte exterior do polígono de apoio, e a zona de manutenção do equilíbrio, situada entre as duas citadas anteriormente (Fig. 3).

Se a projeção da linha de gravidade cai no interior da zona de equilíbrio precário, o equilíbrio será mantido pelo sistema biomecânico das alavancas musculoesqueléticas, em particular graças à qualidade de força e da capacidade de equilíbrio corporal, porém de maneira instável. Quando a projeção da linha de gravidade cai além do perímetro da base de apoio, o corpo tende a perder o equilíbrio, e o sujeito cai. O treinamento específico de equilíbrio permite ao corpo a manutenção da postura mesmo quando a projeção da linha de gravidade cair fora da zona de equilíbrio precário, ou seja, é como se indiretamente ele ampliasse o tamanho das zonas.

Ao se deslocar uma parte ou a totalidade de um corpo, desloca-se também o centro de gravidade, de maneira diferente segundo a distribuição das partes do corpo e, eventualmente, das cargas que o mesmo esteja transportando.

Quanto maior for a área da base de apoio, maior poderá ser o movimento do corpo para que a projeção da linha de gravidade saia da base de apoio, e portanto, maior será o equilíbrio.

Em igualdade de forma e de posição, um corpo tem maior equilíbrio quanto maior for sua massa. Esse fato é extremamente importante nos esportes de combate, por isso eles são divididos em categorias para que os mais leves não fiquem em desvantagem.

Quanto mais alto for o centro de gravidade, menor será o ângulo que esse descreverá (considerando o corpo rígido e com a mesma base de apoio) com respeito a um mesmo ponto do pé para fazer sair a linha de gravidade da base de apoio. Assim, mais difícil será manter o equilíbrio. Isso favorece os baixinhos e as mulheres que têm o centro de gravidade mais baixo do que os homens nas atitudes erguidas (Fig. 4).

Fig. 4. Ângulo entre o CG e base de apoio

Em resumo, um corpo melhor mantém sua estabilidade quanto mais perto do centro da base de apoio cai a linha de gravidade, quanto maior é sua base de apoio e sua massa e quanto mais baixo está o centro de gravidade.

Um corpo amplo, no sentido lateral do tronco, tem maior estabilidade lateralmente enquanto que a amplitude maior da base de apoio, no sentido anteroposterior, reflete em um maior controle das oscilações e dos movimentos da coluna vertebral e da cavidade abdominal na atividade motora, estática ou dinâmica na mesma direção. Por isso é interessante que nas atividades de combate, treinamento de musculação com pesos livres e alguns gestos em esportes coletivos como a recepção no voleibol, convém afastar os pés lateralmente até a largura dos ombros, para garantir uma ação mais equilibrada.

A resultante da força-peso e da força aplicada ao se empurrar um sujeito será tal que fará cair o corpo tanto mais rápido quanto maior for a componente horizontal da força aplicada, quanto mais acima for o ponto de aplicação da força (porque será maior o braço de rotação e por tanto também seu momento) e quanto menor for a força-peso e a base de apoio do corpo.

Para que um corpo suspenso esteja em equilíbrio estático, o centro de gravidade tem que estar abaixo da vertical do ponto de suspensão e, no caso de haver dois pontos de suspensão, terá que estar no plano vertical que passa por ambos os pontos.

Não se pode considerar o ser humano um corpo geométrico, como um paralelepípedo, mas sim um conjunto formado por numerosas partes articuladas: os ossos e os que lhe possibilitam movimentos, os músculos. Assim, o atleta biomecânico está formado por numerosos pares biocinéticos, os quais interagem de maneira complexa, formando cadeias cinéticas.

As posições de equilíbrio requerem diferentes forças para se manterem. Por exemplo, nas argolas, há diferença entre o "cristo", posição duríssima e o apoio vertical sobre os braços, quase em descanso. Portanto, generalizando, um corpo mantém sua estabilidade tanto melhor quanto mais econômica, de um ponto de vista energético, for a posição que se mantém. Deve-se destacar que, neste caso, a força e a resistência constituem fatores determinantes para o equilíbrio.

O que se pode perceber, fundamentalmente, é que na Educação Física e nos desportos, na maioria dos casos, é necessário um trabalho para restabelecer o equilíbrio, depois de se perder a posição ótima.

3.2. RECUPERAÇÃO DO EQUILÍBRIO

No momento em que o corpo inclina-se para frente, para não cair, os braços se deslocam para trás, em direção oposta à direção da queda, e/ou se desloca uma perna para frente, exercendo uma maior pressão sobre o solo. Em geral, a recuperação do equilíbrio por parte do corpo humano baseia-se na busca de posições que reduzem a resultante e seu momento de força com respeito a um ponto genérico. Isso ocorre mediante um deslocamento do centro de gravidade para baixo, do deslocamento horizontal da perna e do pé de apoio na mesma direção e no sentido oposto ao da caída, ou, então, aplicando-se uma força adicional sobre o solo: ações contrárias aos momentos que causam a queda.

Quando se sofre um empurrão no sentido horizontal, para se recuperar o equilíbrio mais facilmente, convém deslocar primeiro as partes mais próximas ao solo, descrevendo-se uma onda que inicia na extremidade inferior e termina na extremidade superior do corpo.

O elemento-chave geral da recuperação do equilíbrio é a geração de um momento, que ocorre graças a uma força que não passa pelo centro de massa.

Três tipos de movimentos aparecem na recuperação do equilíbrio:

1) Compensatórios: impedem a saída do centro de gravidade da zona de equilíbrio ótimo e da zona de manutenção.

2) Amortecedores: que amortizam as forças perturbadoras, reduzindo seu efeito.

3) Restabelecedores: que fazem voltar o centro de gravidade da zona de equilíbrio precário para a zona de manutenção do equilíbrio, ou para a zona de equilíbrio ótimo.

3.3. EQUILÍBRIO DINÂMICO

Ao contrário do equilíbrio estático, que se caracteriza pela imobilidade e pela estabilidade, o equilíbrio dinâmico se dá quando o corpo encontra-se em movimento, em condições quase sempre de instabilidade.

O critério para que exista equilíbrio dinâmico está definido por três condições: as duas primeiras coincidem com as do equilíbrio estático, (letras *a* e *b* do item 2.1) e a terceira estabelece que todas as forças internas têm que assegurar a manutenção das posições balanceadas funcionais ao movimento.

A condição de instabilidade é indispensável para a translação do corpo. Na caminhada, por exemplo, alternam-se fases de duplo apoio (dipédicos breves) e apoio único (monopédico). Nesta última fase, o corpo encontra-se em equilíbrio sobre uma pequeníssima base de apoio, proporcionada por um só pé e a extensão da perna de suporte determina a dimensão do deslocamento para frente do corpo. Esta ação, causada pelo lançamento da outra perna à frente (empuxe), é o motivo para que a projeção da linha de gravidade saia da base de apoio. Como consequência, o corpo adianta-se (situação de instabilidade) até que intervém a outra perna, que foi avançada mediante uma pendulação até tocar o solo. Então, recupera-se o duplo apoio, muito mais estável e o corpo não cai. Assim, é a fase de instabilidade que permite o avanço.

Ao estar em condições de instabilidade, o deslocamento acontece mais facilmente, entretanto a posição recomendada varia conforme a situação. Na maioria dos esportes coletivos, as posições de espera e de deslocamento ocorrem com os joelhos flexionados e ambos os pés apoiados no solo. Na saída alta das provas de corrida no atletismo, a posição recomendada é com um pé totalmente apoiado no solo e o outro, suportando o peso do corpo, somente sobre a parte dianteira. Teoricamente, a posição com as pernas estendidas e o peso do corpo sobre a parte dianteira do pé é mais instável, porém não proporciona a mesma aceleração ao se comparar com a posição descrita anteriormente.

Para obter uma melhor ativação nervosa e consequentemente melhor êxito em uma defesa, aconselha-se esperar o ataque de um adversário no voleibol ou a defesa de um pênalti no futebol, deslocando-se o peso do corpo sobre um pé e depois sobre o outro, alternando o apoio, em uma condição de equilíbrio instável, pronto para reagir.

No equilíbrio estático, a projeção da linha de gravidade cai sobre a base de apoio. No equilíbrio dinâmico, a saída dessa linha do perímetro da base de apoio pode não ter um efeito negativo se existem forças equilibrantes, de maneira que a soma das forças aplicadas ao corpo seja nula e que a resultante das forças passe pelo vínculo de apoio.

Nas provas de velocidade intensa no atletismo, consideramos um atleta correndo na curva: este deve inclinar-se para o interior da mesma e reduzir a amplitude de movimento do braço interno, para não perder o equilíbrio, devido à força centrífuga (REIS; TEIXEIRA, 2005). Isso deve ocorrer para que exista igualdade entre os momentos da força-peso e da força centrífuga, pois, se não houver a inclinação, o atleta se desequilibrará para o exterior. Quanto maior for a velocidade e menor for o raio da curva, maior terá que ser a inclinação do corpo. Os corredores de duzentos metros têm que se inclinar mais quando estão correndo nas raias internas que nas raias externas da pista.

Um outro exemplo de equilíbrio dinâmico, por soma vetorial nula de momentos opostos, acontece na ginástica artística. No cavalo com alça, com o centro de gravidade muito fora da base de apoio, que está constituída pelas mãos ao aparelho, anulam-se os momentos da força centrífuga e da gravidade por meio do momento de reação em vínculo gerado pela movimentação do corpo.

Outra situação surge quando um jogador de futebol chuta para frente, aparecendo uma reação de apoio dirigida para trás pelas ações compensatórias de outras partes do corpo, para se manter o equilíbrio, variando o ângulo das articulações de suporte. Analisando uma ginasta na trave de equilíbrio, no momento em que está apoiada sobre um pé e a projeção da linha de gravidade cai sobre o apoio, o pé pode exercer três tipos de empuxe: para frente, com o corpo que executa uma parada, diminuição do deslocamento para frente e um momento de rotação para trás. Para baixo, com o corpo experimentando uma força dirigida para cima. Para trás, com aceleração e rotação do corpo para frente. Entretanto, se o ginasta impulsionar para frente, estando o centro de gravidade sobre a direção do empuxe, com o corpo inclinado para trás, este empuxe não gerará um momento e o movimento sairá defeituoso (Fig. 5).

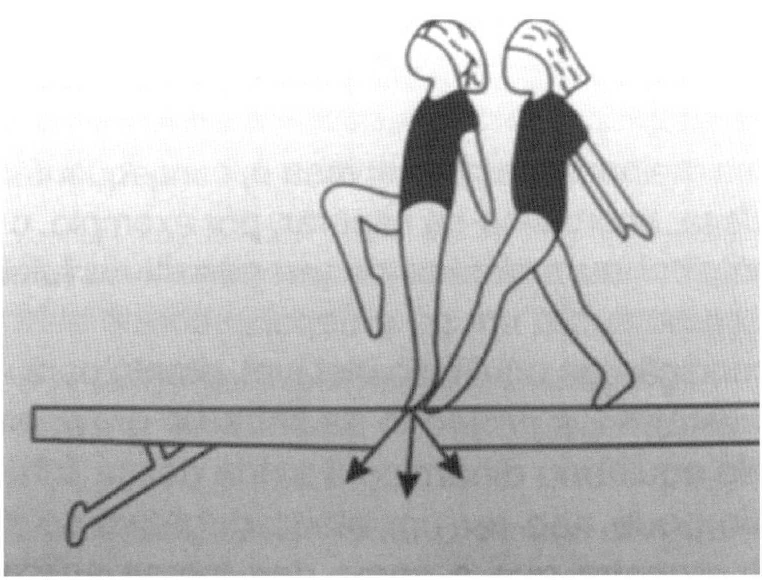

Fig. 5. Os três tipos de empuxe na trave de equilíbrio

Pode-se observar, assim, que os elementos fundamentais de um atleta em movimento são a posição do centro de gravidade e a força de apoio.

3.4. EQUILÍBRIO EM VOO

É um tipo de equilíbrio dinâmico cuja fase mais significativa, biomecanicamente, é o amortecimento na chegada ao solo. Especial importância assumem as forças internas que determinam as posições em voo e na aterrissagem (Fig. 6).

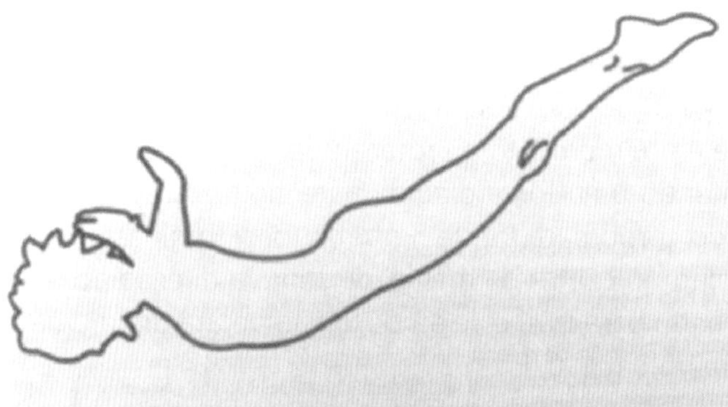

Fig. 6. Equilíbrio em voo

Sabe-se que a trajetória do centro de massa durante a fase de voo é determinada no momento da decolagem, não sendo influenciada pelas forças internas ou ações durante o voo. Entretanto, as posições em voo e na chegada, em consequência das forças internas, são importantes e quase sempre determinantes para o sucesso das ações desportivas, como acontece, por exemplo, na prova do salto em distância e salto triplo no atletismo. Nos saltos com deslocamentos horizontais, mais difíceis que os que se realizam em um mesmo lugar, convém estender a perna de chegada de modo que o centro de massa atravesse a base de chegada, melhorando as condições de equilíbrio e de aterrissagem. Esse fator também pode ser observado na provas de salto citadas anteriormente, em ambas as técnicas: a tesoura, caracterizada pela troca de posição das pernas no ar e a entrada do quadril, que nada mais é que o lançamento dos quadris à frente (Reis e Teixeira, 2005). O uso eficaz dessas estratégicas permitirá o melhor posicionar-se do centro de gravidade do corpo, favorecendo a projeção das pernas à frente e um melhor equilíbrio na aterrissagem em qualquer ação motora em que haja a necessidade do deslocamento horizontal do corpo no ar (Fig. 7).

Fig. 7. Início da extensão das pernas para melhora do equilíbrio no ar e na aterrissagem durante ações de salto

É evidente em todo tipo de equilíbrio o papel central das forças internas, especialmente as tônicas. O corpo, contendo uma certa quantidade de movimento, aplica no ato da queda uma determinada força, que não estando em geral dirigida centralmente, ou seja, não passando pelo centro de gravidade, produz um momento com efeito desequilibrador. No começo da aterrissagem, no momento do contato com a plataforma de apoio, o corpo conserva ainda uma quantidade de movimento e um momento reativo que devem ser anulados. O objetivo principal do amortecimento é a redução do pico da força de interação (reação de apoio), que deve ser proporcionada por meio do aumento do tempo da aterrissagem, pela contração isotônica excêntrica dos membros que suportarão o peso do corpo. Assim, as forças internas, garantidas pela capacidade musculoesquelética do atleta, conseguem prevenir o efeito desequilibrante da queda, através de um correto amortecimento.

O amortecimento na aterrissagem permite proteger o aparelho locomotor contra acidentes, manter a estabilidade, reduzir o ruído e preparar ações sucessivas, evitando a interferência desvantajosa das forças externas (gravidade, empuxes, etc.) sobre as internas. Durante o amortecimento, na aterrissagem, podem-se verificar reações inesperadas, como solos, demasiadamente, duros ou macios, irregulares, escorregadios, etc. Essas variações do apoio e de suas forças de reação geram momentos difíceis de controlar, como é sabido por alguém que já tenha aterrissado sobre um colchão que se moveu ou que esteja demasiadamente duro contrariamente à sua expectativa. Portanto, principalmente nos esportes em que a aterrissagem tem que ser precisa, como na ginástica artística, no trampolim acrobático e outros, é necessário, além de posicionar bem os colchões de queda, fazer que os alunos os experimentem durante o aquecimento, conhecendo-os totalmente, antes da competição. Esse fato mostra-se importante, não só para o êxito na competição, mas sobretudo para prevenir lesões durante a mesma.

3.5. EQUILÍBRIO ROTATÓRIO

É outro tipo de equilíbrio dinâmico que deve existir para proporcionar movimentos rotatórios oriundos de um momento angular. O mesmo pode ser melhor adquirido por meio do lançamento de uma parte do corpo, o que gera uma rotação que se transfere a todo o corpo, se este estiver rígido (transferência do momento angular). Para permitir rotações (giros) corretas no solo, a linha de gravidade tem que cair sobre a base de apoio e o eixo de rotação tem que passar pelo centro de gravidade do corpo, devendo este, estar na vertical o mais possível.

3.5.1. Equilíbrio rotatório indiferente

Em todas as posições da fase de voo, o corpo estará em equilíbrio rotatório indiferente, pois a força de gravidade atua sobre o centro de gravidade sem gerar momentos, não havendo portanto, reações vinculares com as quais ela possa formar pares de força. Fala-se em pares de força quando sobre um corpo rígido aplicam-se duas forças paralelas de igual intensidade, de sentido oposto, em dois pontos diferentes, tendo como efeito a rotação do corpo (momento angular). As reações do solo também podem ser interpretadas como um caso particular de reações vinculares.

O braço (distância entre as forças), multiplicado pelo valor da força, dará o valor do momento do par de forças e seu possível efeito. Multiplicando-o pelo tempo de aplicação, tem-se o impulso angular, ou seja, a medida da rotação. Se as forças não são iguais, pode-se considerar que ao corpo se aplica um par e uma força adicional. Nesse caso específico, não se forma par de forças entre a força de gravidade e a reação vincular.

Assim, para se obter maiores rotações, é necessário aplicar um momento maior ou o aumento do tempo de aplicação da força. É preferível aplicar um momento maior, por meio do aumento da força, (maior força do agonista ou menor intervenção do antagonista que freia o movimento) ou pelo aumento do braço. Por exemplo, para fazer uma bailarina girar, convém impulsioná-la pelas costas onde o braço de força é maior e mais próximo ao centro de gravidade do corpo para evitar dispersões cinestésicas. Nas rotações em voo no campo motriz-desportivo geralmente é necessário a aplicação de forças maiores.

No âmbito da Educação Física e desporto, convém destacar o problema da transferência de movimentos angulares e de sua otimização, referindo-se às três fases: lançamento, redução do atrito e rigidez do corpo. O lançamento de uma extremidade, que geralmente origina o momento angular (giro em terra e no ar), torna-se ineficaz se não é acompanhado da redução do atrito (levantar sobre a ponta do pé, elevando-se completamente). A rigidez do corpo pode causar dispersões cinesiológicas, ou seja, dispersões causadas pelos bloqueios articulares incorretos e insuficientes (ação imprópria dos músculos fixadores, neutralizadores e guiadores). Esse fato, além de prejudicar a execução do movimento, causará um maior gasto energético, fato que também prejudicará a performance em apresentações mais longas. Em casos extremos poderá também contribuir para o surgimento de lesões.

Nas rotações com os membros afastados do centro do corpo, o momento de inércia aumenta e, em consequência, a velocidade angular diminui. Nas rotações com os membros próximos ao corpo, acontece o contrário, ou seja, a distância dos membros ao centro de gravidade do corpo pode ditar a velocidade da rotação, fato de suma importância em alguns esportes como na patinação, na ginástica artística, no trampolim acrobático e outros.

3.6. FORÇA DE VÍNCULO

Chama-se de vínculo a força capaz de impor uma limitação ao movimento. O vínculo é uma força, geralmente de tipo elástica, que se opõe a outras forças, sendo sua magnitude (se o material é indeformável) definida em física pelas forças a que se opõem.

Na manutenção das posições estáticas, é muito importante a força que desenvolve o vínculo (reações dos vínculos). Em geral, na atividade motriz, as forças de vínculo equilibram as forças externas (gravidade), empurrões, vento, etc.

A concepção de vínculo está sempre ligada à concepção de fricção. Porém, a fricção provoca obstáculo ao movimento em qualquer direção, não impedindo o movimento em uma direção particular, enquanto que o vínculo restringe o movimento, limitando-o em uma direção específica.

Em particular, devido à presença da fricção, as forças vinculares são inferiores às forças equilibradoras ideais. Ao contrário, por exemplo, para sustentar um peso que está situado sobre um plano inclinado, uma pessoa deverá exercer uma força tanto maior quanto mais deslizante for a superfície (menor fricção). Em geral, no esporte convém aumentar a fricção, seja usando solado antiderrapante ou fazendo uso de substâncias que melhorem a aderência do corpo em relação aos implementos, como o pó de magnésio usado pelos ginastas ou a cola usada nas mãos para melhorar a empunhadura da bola de handebol.

Assim, referindo-se à presença de forças vinculares atuando em um corpo, este pode ser livre, se seu movimento não estiver submetido ao vínculo, movendo-se dirigido pelas forças internas e externas aplicadas, quando estas forem as únicas coisas capazes de modificar o estado de repouso ou de movimento do corpo. Ou então, vinculado, se ao contrário, seu movimento se realizar somente ao redor de um ponto fixo, de um eixo fixo ou sobre uma superfície fixa.

3.7. PONTOS DE APOIO

O número de pontos de apoio influi, biomecanicamente, nos exercícios. É evidente que quanto maior o número de pontos de apoio, maior será o equilíbrio corporal, podendo este apresentar as seguintes posições:

1) Um ponto de apoio: na posição de avião em um pé ou na parada de mão com uma mão, ambos movimento da ginástica artística.

2) Dois pontos de apoio: dois pés (posição bípede), duas mãos (parada de mão) ou em um pé e uma mão ou outra parte do corpo, muito comum em acrobacias.

3) Mais de dois pontos de apoio: nas mãos e nos pés, como na posição de saída (4 apoios) nas provas de velocidade intensa do atletismo que utilizam a saída de bloco e nas mãos e na cabeça, como na posição de três apoios na ginástica acrobática e outras.

3.8. ADERÊNCIA OU FRICÇÃO

Segundo Robertson (2004), a fricção é uma específica força que atua contactando superfícies, deslizando uma sobre a outra. Na patinação sobre rodas, o equilíbrio é bastante prejudicado não só pela maior altura do centro de gravidade, mas, sobretudo, pela menor aderência entre as superfícies de apoio e as rodas dos patins. Atua, neste caso, a terceira lei de Newton, segundo a qual para cada ação corresponde uma reação igual e contrária, sendo esta o princípio que regula as ações e as reações de contato.

Na prática, a aderência tende a fazer com que dois corpos se juntem, evitando que os mesmos deslizem, fato que de certa forma pode proporcionar diferentes formas de deslocamento (caminhada, trote, corrida e etc.).

Na patinação, devido à menor aderência, a força transmitida ao solo é menor, sendo, portanto, menor a reação. Isto favorece o deslizamento, bastando um pequeno empurrão para se conseguir um deslocamento grande e rápido, até com risco de queda. Quando dois corpos perfeitamente polidos estão em contato, para que haja equilíbrio estático de um sobre o outro, é necessário que a ação e a contrarreação atuem longe da perpendicular comum às superfícies de contato, fato que deve acontecer na patinação.

Em todos os casos, a aderência pode ser definida como uma força que se opõe ao movimento de todos os corpos em contato entre si. A aderência é determinada a partir das ações e das reações de contato, já que sua origem é a atração entre as partículas dos corpos. As forças de contato atuam perpendicularmente ao plano horizontal de contato, enquanto que a aderência tem direção tangencial. Esta direção coincide com a direção do movimento sobre o plano de contato, enquanto que seu sentido é o oposto da força aplicada sobre o plano de contato, a qual determina o movimento.

A igualdade de massas e forças na aderência estática, que se produz entre dois corpos em repouso, é maior que na dinâmica, que atua entre corpos em movimento. Em geral, a aderência atua quando em um corpo em repouso atuam forças externas, ou quando um corpo está em movimento, sempre no campo motor e desportivo. No esporte, deve-se usar calçados com travas ou pregos que sirvam para aumentar a aderência e facilitar o deslocamento em superfícies escorregadias (gelo, grama, barro, etc.).

Este aspecto biomecânico particular do equilíbrio também se mostra decisivamente multiforme e variado no que se refere à sua relevância. Por exemplo, se o corpo está em voo e gira, a aderência entre o corpo e o ar é praticamente desprezível. Porém, se o mesmo está em terra e gira, a aderência entre o pé e o solo é muito mais forte.

A aderência é tanto menor quanto maior for o polimento das superfícies em contato e quanto maior é a lubrificação. Ao contrário, ela aumenta quanto maior é a força de empuxe (pressão) entre as superfícies de contato. Quando a velocidade de deslocamento é maior, em princípio, a aderência diminui. Ela também varia conforme o material em contato e segundo o tipo de movimento (de translação, de rotação, etc.). Em caso de exercício de rotação, a aderência depende da amplitude da superfície de contato. Ao girar sobre a ponta do pé a aderência será menor do que ao girar sobre toda a planta do pé.

Assim, percebe-se que é possível realizar muitos estudos no campo do equilíbrio sobre a biomecânica das ações técnicas desportivas visando otimizá-las. Podem-se estudar numerosas funções do movimento: deslocamento, velocidade, aceleração dos diferentes segmentos dos ângulos, massa, força, momentos (de inércia, da força, angular), trabalho, energia cinética, potência, impulso, quantidade de movimento, etc. Esses estudos integram-se com a análise da eletromiografia (imagem da atividade elétrica dos diversos músculos, fidelíssima indicadora de suas ações), tanto para construir um modelo do gesto, como para estudar e avaliar as execuções de maneira objetiva. Com isso, pode-se estabelecer qual é a técnica mais eficaz, comparar a técnica de um atleta com a de outro ou com suas execuções sucessivas, detectar deslocamentos e/ou posturas incorretas que possam causar futuras patologias, tudo isso usando medições objetivas e não apenas uma imprecisa observação subjetiva.

4

O EQUILÍBRIO PSICOMOTOR

O equilíbrio corporal é um elemento componente das capacidades coordenativas, destacando-se como uma qualidade específica que permite a manutenção e a recuperação de uma determinada posição, estática ou dinâmica, frente à força da gravidade e adequada ao êxito da ação.

A qualidade de equilíbrio é muito específica, não existindo uma correlação aparente entre as diferentes manifestações do equilíbrio (estático, dinâmico. em voo e rotatório). Em muitas situações, o equilíbrio garante apenas a manutenção da posição do corpo frente à força da gravidade; entretanto, na Educação Física e nos desportos, as posições deverão ser, acima de tudo, adequadas aos êxitos das ações motoras. Assim, não basta o corpo estar em equilíbrio, será necessário adquirir uma posição ditada pela técnica e estar em condições ótimas de equilíbrio para realizar o movimento.

4.1. EQUILÍBRIO, CAPACIDADE COORDENATIVA ESPECÍFICA

Segundo Weineck (1999), as capacidades motoras dividem-se em capacidades condicionantes, referentes aos processos energéticos e capacidades coordenativas, bem como ao processo de controle e regulação do movimento, fatores esses de origem neural.

O equilíbrio é uma capacidade coordenativa específica, em estreita e constante relação com as demais atividades coordenativas. Existe uma matriz comum que une entre si as diferentes capacidades coordenativas, integradas umas com as outras, para a execução das ações.

Palmisciano (1994) destaca que o equilíbrio dinâmico relaciona-se com a lateralidade. Por exemplo, na tomada de contato com o solo após a fase de voo de um salto, a extremidade dominante, de maior destreza, desempenha um papel de ataque no movimento, realizando a ação principal, a mais difícil, enquanto a outra extremidade, a mais forte, cuida da manutenção do equilíbrio, desenvolvendo uma ação secundária.

O equilíbrio é um pré-requisito de ordem psicomotor, bem como um elemento componente do esquema corporal, em estreita relação com a imagem corporal. As experiências de equilíbrio recebem informações das posições do corpo, as quais contribuem e determinam a formação da imagem e do esquema corporal nas mais variadas posições.

Do ponto de vista psicomotor, as três formas de equilíbrio: estático, dinâmico e em voo, correspondem à progressão ontogenética do ser humano, ou seja, que se verifica durante o desenvolvimento infantil. O recém-nascido é capaz apenas de desfrutar movimentos posicionais estáticos em algumas posições como deitado, de cócoras, sentado, etc. Quando o mesmo aprende a caminhar, experimenta um equilíbrio dinâmico e quando começa a correr e saltar experimenta o equilíbrio em voo.

4.1.1. Aspectos Cognoscitivos do Processo de Equilíbrio Corporal

As ações psicomotoras do equilíbrio requerem a leitura (decodificação) e a integração (elaboração) de variadas informações, particularmente, do nível de equilíbrio e da posição dos diferentes segmentos corporais (postura).

A comparação das informações de retorno com a memória motora permite melhorar a imagem motora (o esquema do equilíbrio), a execução e, com o treinamento, a expressão do gesto. É evidente que as informações cinestésicas (táteis-proprioceptivas) desempenham um papel muito importante junto com as vestibulares e, sobretudo, com as ópticas. Existe uma relação constante entre sensação do corpo, sensação do movimento e movimento real, mecanismo que constitui um movimento-chave do equilíbrio, do tipo *feedback* (retroalimentação).

As funções de equilíbrio realizam-se graças a um amplo foco de atenção interna, ou seja, a atenção e a concentração atuam fortemente no momento que interiormente se representa, visual e cinestesicamente, em tempo real, o exercício a ser realizado. Porém, dentro de um ponto de vista cognoscitivo, os desportos podem apresentar situações muito diferentes. Como exemplo, pode-se citar a diferença que existe entre o salto ornamental, que devido à sua brevidade de execução, a atenção centra-se no gesto em sua globalidade, e a natação sincronizada, que se caracteriza por uma certa lentidão nos exercícios, e por isso pode-se dar atenção aos elementos de forma analítica, satisfazendo mais facilmente os requisitos de precisão. Assim, as metodologias de treinamento de atenção deverão ser específicas para cada esporte e também individualizadas para o aluno, segundo seu estilo emotivo pessoal e capacidade de contração.

A cadeia cinética das tensões mínimas que garantem a postura erguida constitui a atividade basal do equilíbrio e pode ser dirigida ao tônus muscular de músculos formados predominantemente por fibras vermelhas, de contração lenta.

O equilíbrio é uma contínua conquista, porém para viver momentos de equilíbrio tem que se passar pelo desequilíbrio. O desequilíbrio é a ruptura do equilíbrio, sendo necessária a crise do sistema para promover positivamente a construção das habilidades e das destrezas do equilíbrio (PALMISCIANO, 1994).

A vivência, ou seja, o conjunto das experiências psicomotoras vividas, organiza-se sobre uma relação mútua de contraste-integração (de equilíbrio e desequilíbrio). O equilíbrio realiza-se mediante um processo de contínuo balanço entre interiorização-transformação e contraste-elaboração. Um bom exemplo disso é a concepção Piagetiana do equilíbrio, que é do tipo dinâmica: há um desequilíbrio incipiente introduzido por trocas de forças que correspondem a uma intervenção de forças equivalentes, porém opostas. O equilíbrio motor é um momento de assimilação de dados proprioceptivos e exterioceptivos, que provocam a acomodação da situação (PALMISCIANO, 1994).

4.1.2. Reações de Equilíbrio Corporal

As reações de equilíbrio são produzidas em várias situações e têm sido estudadas por muitos pesquisadores no âmbito da medicina, apenas com fins de diagnóstico, podendo algumas conclusões serem adaptadas ao campo da Educação Física.

As reações de equilíbrio acontecem após empurrões que deslocam a linha de gravidade para fora do polígono de apoio, com perigo real de queda nas trocas bruscas e imprevistas de posições, muito frequentes nos jogos coletivos. Nas reações referentes às trocas de direções programadas, a adaptação cinética é imediata, sem prejuízo para o equilíbrio; entretanto, nas intervenções bruscas de um movimento em curso, causadas por um estímulo inesperado, acontecem imperfeições das adaptações estático-cinéticas com uma consequente instabilidade. Em todos os casos, a velocidade e a amplitude do ângulo de troca de direção condicionam a estabilidade. A instabilidade pode ser superada mediante um programa cinético, em tempo útil e correto, a fim de promover reações precisas, como acontece, por exemplo, em um jogo de futebol, quando um zagueiro é driblado repentinamente, porém usando de sua potência muscular e da capacidade de previsão, o mesmo se antecipa e consegue ganhar a bola do adversário.

Quando existe diferença entre o programa de um movimento em curso de execução e a situação ambiental real, como quando se pisa em um obstáculo imprevisto, ou quando falta um obstáculo previsto, a possibilidade de queda é evidente devido à inadequação do programa cinético. Nessas situações, o equilíbrio refere-se a uma oportuna e rápida correção do movimento em curso. Em geral, com a concepção de equilíbrio, destaca-se justamente a função de adaptação, realizada no equilíbrio dinâmico, caracterizado pelo controle da execução dos movimentos, este último correlacionado com a postura e a orientação.

Nos elevadores rápidos, e até em alguns casos nos normais, flexionam-se rapidamente as pernas quando a subida cessa, e se experimenta uma sensação de pressão dirigida para a cabeça, como se algum órgão quisesse sair do corpo. Do contrário, quando a parada acontece com o elevador descendo, se experimenta uma sensação de pressão e deslocamento dirigida para a ponta dos pés. Esses fenômenos devem-se às aferências resultantes das acelerações vestibulares e também da discordância, a nível proprioceptivo, existente entre a imagem do corpo prevista e as imagens e sensações reais. O homem tenta sempre se adaptar ao ambiente antecipando as situações e o equilíbrio nesse sentido atua como uma função de adaptação.

Em alguns esportes, como no voleibol de areia, as situações de ataque, com as chamadas "largadas", têm que ser precedidas pelas fintas de corpo que servem para desestabilizar o defensor, colocando-o em uma situação de equilíbrio precário ou de desequilíbrio, dificultando a chegada do mesmo na bola para que o ataque tenha êxito.

Alguns autores classificam o equilíbrio como recuperado, ressaltando o seu aspecto homeostático, de restauração da condição de equilíbrio e o apresentam como uma capacidade em si mesma. Entretanto, esse aspecto do equilíbrio acontece em todas as ações motoras: o equilíbrio se restabelece sempre, pois o centro de gravidade na atitude erguida está sempre em oscilação. Assim, percebe-se que a capacidade de equilíbrio depende mais da habilidade para recuperá-lo do que da habilidade para não perdê-lo. Esse é um sentido em que o equilíbrio não está representado por uma situação posicional definitiva, mas que deriva de uma constante adaptação coordenativa tônico-posicional (PALMISCIANO, 1994).

Um fator que pode favorecer a recuperação do equilíbrio é um processo chamado de compensação que, segundo Lapierre (1978), caracteriza-se pelo deslocamento de um seguimento para restabelecer o equilíbrio de um corpo alterado pelo deslocamento de outro seguimento, colocando de novo o centro de gravidade dentro da zona de equilíbrio ótimo. Dessa forma, quando se eleva uma perna estendida para frente, o tronco inclina-se de forma reflexa para trás, tendo a outra perna de se esforçar para manter o centro de gravidade sobre o pé de apoio. Ações como essa podem ser observadas em várias atividades desportivas, de maneira positiva, garantindo o sucesso da mesma e até prevenindo quedas ou de maneira negativa, por falta de treinamento. Por exemplo, pode-se citar a realização do teste de salto em altura ou salto em distância como requisito para aprovação em alguns concursos públicos, como Polícia Federal, Forças Armadas e outros. No momento da impulsão, a perna que não realiza a impulsão (perna livre), deve ser lançada para cima com o joelho flexionado; entretanto, por um erro técnico por falta de treinamento ou equilíbrio corporal, a mesma é lançada estendida, o que causa o atraso do tronco, impedindo que o corpo adquira altura, diminuindo a performance e fazendo com que muitos percam talvez a melhor oportunidade profissional de sua vida.

O processo de compensação também pode ser notado quando o corpo apresenta algum problema postural ortopédico, funcional ou estrutural, como em uma lordose lombar na qual o corpo é desequilibrado para trás ou em um encurtamento de um membro inferior que provoca uma lateroversão da pelve e um desequilíbrio do corpo para o mesmo lado. A compensação desses problemas seria desencadeada pelos mecanismos neuromotores inconsciente de compensação reflexa fazendo com que, no primeiro caso, a cervical seja levada à frente e no, segundo, que o corpo adote um deslocamento lateral para a direita, por meio de uma escoliose lombar esquerda.

Como pode ser notado, o processo de compensação, muitas vezes, representa defeitos de atitude que têm origem quando acontece um equilíbrio reflexo inadequado pelo fato de seguir um esquema motor anormal. Lapierre (1978) relata que a primeira condição para a correção desse processo é que a pessoa perceba o desequilíbrio e a compensação equilibradora produzida, fazendo com que essa resposta reflexa seja corrigida por uma ação motora consciente. Segundo o mesmo autor, o fato de prestar atenção na percepção controlada é o que pode ser chamado de educação ou reeducação psicomotora.

Depois que a pessoa perceber a atitude anormal deve-se propor a mesma outro tipo de movimento, mais natural, que possa fornecer a mesma a compensação ao seu defeito postural, fazendo com que ela se libere de uma sinergia reflexa, antieconômica e, às vezes, até dolorosa.

4.1.3. O Equilíbrio Corporal e a Realidade Individual

O homem pode perceber e depois utilizar, referentes às diversas exigências, diferentes posturas de equilíbrio, mais ou menos próximas à zona de equilíbrio, mais ou menos econômicas; basta observar os diferentes tipos de saída nas provas de atletismo. Nas provas de velocidade intensa mais curtas (100 metros rasos), em que o atleta utiliza o bloco de partida, é adotada uma posição de saída curta (pé de impulsão perto do gastrocnêmios da perna de apoio), posição em que o atleta fica fortemente comprimido e desequilibrado para frente, estando o centro de gravidade adiantado, sendo necessário um esforço dos braços para impedir a queda do corpo à frente (Fig. 8). Entretanto, em uma prova mais longa (400 metros rasos), em que há distribuição do esforço durante a competição, a relação das características antropométricas e as qualidades motrizes do atleta variam e, como consequência, a posição de saída pode ser diferente, mais confortável, podendo o atleta adotar a saída longa (pé de impulsão próximo ao joelho da perna de apoio) (REIS; TEIXEIRA, 2004). Assim, pode-se perceber que o equilíbrio "ótimo", em âmbito dos princípios gerais, é uma realidade individual, ou seja, a postura "ótima" é individual e deve atender à característica do movimento a ser realizado.

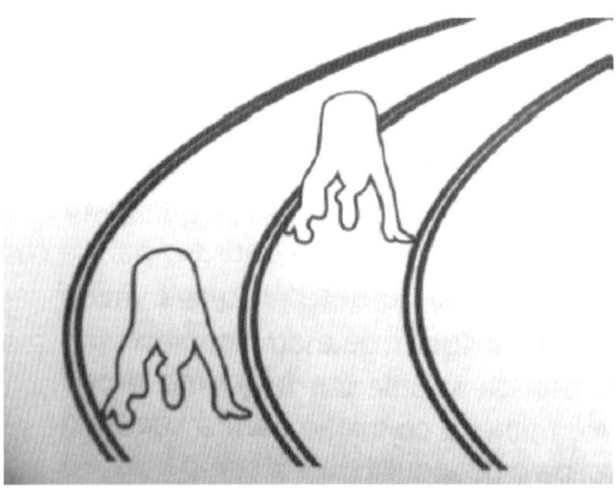

Fig. 8. Braços suportando o peso do corpo na saída de bloco das provas de corrida de velocidade intensa no atletismo

Os exercícios relativos ao equilíbrio oferecem uma rica gama de sensações, os quais se notam uma grande relação com a emotividade e a afetividade, pois criam ansiedade, requerem concentração, atenção, e o êxito na posição conquistada pode ser muito gratificante, podendo em alguns casos de equilíbrio difícil, com uso de aparatos, produzir sensações de orgulho.

Um estado bom de equilíbrio psicológico favorece o equilíbrio motor. No equilíbrio no solo, sobressai a situação posicional objetiva, mas também a sensação subjetiva de segurança e de tranquilidade operativa, o que se faz especialmente evidente nas situações de desorientação. A tensão psíquica, por outro lado, é sempre acompanhada de rigidez muscular, o que certamente afeta negativamente o equilíbrio.

4.2. O EQUILÍBRIO CORPORAL COMO ELEMENTO DO ESQUEMA CORPORAL

Esquema corporal é a consciência e a representação mental do corpo e de suas partes, com seus mecanismos e possibilidades de movimento. O bom desenvolvimento do esquema corporal permite uma boa evolução da motricidade, da percepção espacial e temporal e também da afetividade.

O conhecimento adequado do corpo engloba a imagem corporal e a consciência corporal que podem ser desenvolvidas com atividades que favoreçam o conhecer do corpo como um todo, o conhecer do corpo segmentado, o controle dos movimentos globais e segmentados e o aperfeiçoamento da capacidade de equilíbrio corporal estático e dinâmico.

O equilíbrio é um fator essencial na estruturação do esquema corporal que se relaciona com toda a motricidade humana (PALMISCIANO, 1994). Nesse sentido, serão apresentados os principais elementos do esquema corporal em uma ordem taxonomicamente progressiva, em que se pode notar a influência do equilíbrio nos mesmos.

4.2.1. A avaliação espacial

Caracteriza-se pela capacidade da pessoa reconhecer o espaço em que se encontra com relação à sua posição, objetos e lugares sem depender da informação visual. No esporte é bem notada pela capacidade dos goleiros de se colocarem entre as traves (no gol) sem necessitar olhar para as mesmas.

4.2.2. A avaliação temporal

É a capacidade do indivíduo de entender a duração cronológica temporal, percebendo, de forma clara, a diferença entre suas unidades de medidas (segundos, minutos, hora, dia, mês, ano, etc). Crianças, às vezes, ressentem-se da falta dessa habilidade quando ao receber uma mesada para um mês a gasta na primeira quinzena, por não ter a noção de tempo. No esporte, essa habilidade é necessária, principalmente nos treinamentos intervalados, em que o atleta deve dar vários "tiros" (correr) em um mesmo tempo, para que o treinamento seja eficiente.

4.2.3. A coordenação espaçotemporal

Constitui-se basicamente na junção das duas habilidades citadas anteriormente. Para facilitar o entendimento, pode-se usar o exemplo da situação de uma pessoa atravessando uma avenida movimentada. Tem-se que calcular, rapidamente, a distância que ela necessita percorrer e o tempo que os veículos levaram para atingi-la. Se houver um erro de cálculo, a consequência será dramática. No esporte, quando o atleta apresenta essa habilidade bem desenvolvida, terá um melhor desempenho ao cabecear uma bola no futebol, conseguindo atingi-la em um ponto mais alto que seus adversários, ou como no basquete, nas disputas para pegar os rebotes. Nesses dois exemplos, será fundamental que o mesmo tenha uma boa capacidade de equilíbrio em voo.

4.2.4. O ritmo

O ritmo é uma ordem cadenciada na sucessão das coisas. Trata-se de um movimento controlado ou calculado que se produz pela ordenação de elementos diferentes.

O corpo tem um relógio corporal do qual normalmente não se percebe. As células e as substâncias químicas do organismo trabalham com precisão, dentro de um determinado ritmo. Existe um ritmo endógeno, automantido pelo organismo e que é influenciado pelo ritmo exógeno ou estímulo externo. O ritmo motor está ligado ao movimento do organismo que se realiza em um intervalo de tempo constante. Andar, nadar, correr são exemplos de ritmos motores (OLIVEIRA, 2002).

4.2.5. O Relaxamento e Controle do Tônus

Tônus muscular é o estado de tensão elástica (contração parcial) que apresenta o músculo em repouso, que lhe permite iniciar a contração rapidamente, após o impulso dos centros nervosos. Num estado de relaxamento completo (sem tônus), o músculo levaria mais tempo para iniciar a contração.

A capacidade de relaxamento muscular mostra-se muito importante durante as atividades motoras, principalmente nas desportivas, em que o atleta, ao relaxar músculos que não estão sendo solicitados no movimento, poupa energia e dinamiza sua performance durante a atividade. Essa habilidade é denominada de contração diferenciada.

4.2.6. A lateralidade

A lateralidade é a propensão que o ser humano possui de utilizar preferencialmente mais um lado do corpo do que o outro em três níveis: mão, olho e pé. Isso significa que existe um predomínio motor, ou melhor, uma dominância de um dos lados (OLIVEIRA, 2002).

O lado dominante apresenta maior força muscular, mais precisão e mais rapidez. É ele que inicia e executa a ação principal. O outro lado auxilia esta ação e é igualmente importante. Na realidade, os dois não funcionam isoladamente, mas de forma complementar. Pode-se observar a dominância dos membros inferiores quando pedimos à criança que brinque de amarelinha com um pé e depois com o outro. Pode-se verificar, então, em que lado a mesma teve mais facilidade, apresentando mais precisão, mais força, mais rapidez e, acima de tudo, mais equilíbrio.

4.2.7. A integração com esfera social e afetiva

Não se pode viver isolado, como ser integral, o desenvolvimento humano segue numa construção mútua, fato que significa viver em sociedade. As potencialidades humanas desenvolvem-se na razão desta construção interativa, ou seja, cultural, social, econômica e política. O ser humano, em seu desenvolvimento cognitivo e afetivo, estabelece certa relação, ainda que imperceptível em muitos casos, mas que estão intimamente ligadas, sofrendo influência do meio e agindo sobre este.

4.3. O EQUILÍBRIO COMO ELEMENTO DAS CAPACIDADES COORDENATIVAS

Farfel (1979), citado por Weineck (1999), destaca que o conhecimento dos componentes isolados das capacidades coordenativas permite localizar as deficiências no desenvolvimento esportivo, devendo ser trabalhadas em partes para que se tenha uma melhora em seu todo. Como, até o presente momento, não existe estudo que defina categoricamente o número e a estrutura dos mesmos, os componentes apresentados a seguir não visam a uma avaliação científica da habilidade, mas orientar a escolha de métodos de treinamento para a mesma.

São considerados componentes das capacidades coordenativas:

- ♣ Capacidade de adaptação motora;
- ♣ Capacidade de diferenciação e controle;
- ♣ Capacidade de reação;
- ♣ Capacidade de equilíbrio;
- ♣ Capacidade de ritmo;
- ♣ Capacidade de combinação e concatenação de movimentos.

A capacidade de equilíbrio é uma capacidade coordenativa que se desenvolve precocemente, devendo ser, desde o início, incluída no processo de treinamento. Andar se equilibrando sobre uma linha em um monociclo é uma habilidade que a criança na idade pré-escolar pode aprender facilmente. A tentativa de ensinar essa habilidade às crianças mais velhas pode não ser tão bem-sucedida.

Segundo Weineck (1999), um atleta sofre, durante sua carreira, desequilíbrios externos tanto quanto internos. A inclusão do treinamento específico de equilíbrio, desde a idade pré-escolar, ajudará a reduzir as chances de fracasso e de situações em que um atleta pode "desequilibrar-se", favorecendo a autoconfiança e o desempenho esportivo e ainda como profilaxia de lesões.

5

ONTOGÊNESE DO EQUILÍBRIO

A maturação do equilíbrio, como a de todas as funções nervosas, se dá em sentido cefalocaudal (da cabeça para as extremidades inferiores) e próximo-distal (do centro do corpo para a lateral). A ontogênese do equilíbrio apresenta-se sob dois fatores: a maturação, referente às funções orgânicas, com o aumento das dimensões corporais, característico do processo de crescimento e o desenvolvimento, que é o resultado da interação entre a maturação e a aprendizagem.

4.1. ETAPAS DA MATURAÇÃO

Holle (1982) identificou várias etapas na maturação neurológica e psicomotora a partir do nascimento: controle ocular, equilíbrio da cabeça, posição sentada, reflexos para quedas, arrastar, rodar, posicionar-se sobre as mãos e joelhos (de quatro), sucessivamente posicionar-se de três e de dois apoios e deslocar-se em quatro apoios. Em seguida, a criança pode apoiar-se sobre os joelhos, levantar-se e ficar de pé (primeiro com ajuda e depois sozinha), saltar com ajuda, chutar uma bola, saltar com os dois pés, trocar de posição rapidamente, caminhar sobre uma trave de 8 cm, saltar para cima de forma coordenada, saltar para baixo, caminhar sobre uma trave de 6 cm, saltar sobre um pé, pular corda e, finalmente, estar em equilíbrio sobre um pé.

4.2. ETAPAS DO DESENVOLVIMENTO

Palmisciano (1994), integrando os estudos de Gesell, Provence (em Chusid), Fay, Delacato e outros, destaca:

♣ Em um mês de nascida, a criança levanta um pouco a cabeça na posição de pronação e no segundo mês a levanta a 45°.

♣ No terceiro mês consegue controlar os músculos do pescoço, o que a possibilita manter a cabeça reta na posição de pronação e começar a levantar o tronco.

♣ Entre os quatro e cinco meses, a criança consegue levantar a cabeça e o tronco na posição de pronação. Aos cinco meses, ela consegue também apoiar os braços e quando está sentada a cabeça não cai.

- ♣ Aos seis meses, passar da posição supina a pronação e consegue sentar-se.
- ♣ Aos sete meses, aprende a passar de pronação a supinação.
- ♣ Aos oito meses, permanece sentado longo tempo e gira em posição de pronação com maior destreza.
- ♣ Aos nove meses, com ajuda, mantém-se de pé, mas só se desloca arrastando-se e depois engatinhando.
- ♣ Com aproximadamente um ano, a criança conquista a vertical e começa a andar. O domínio de um hemisfério cerebral determina o uso preferencial de uma extremidade, que se manifesta primeiro na atividade manipuladora.
- ♣ Aos quinze meses, participa dos primeiros jogos sensoriais, motivados pela satisfação e prazer de ver objetos de cores, ouvir sons, perceber superfícies lisas, rugosas, duras, quentes e frias, etc. As sensações são acompanhadas por movimentos afetivos de atração e repulsão.
- ♣ Aos dezoito meses, sobe nas cadeiras altas, abre uma porta, caminha agilmente e corre torpemente.
- ♣ Aos vinte e dois meses, conquista a deambulação, entretanto só aos três anos, ela é capaz de passar por terrenos acidentados, aprender primeiro a subir e depois a descer escadas. O processo de mielinização dos nervos motores completa-se nessa idade e permite à criança um controle mais preciso de sua motricidade, aprendendo movimentos mais complexos como andar de bicicleta, patinar, esquiar, jogar uma bola e outros.

Nessa idade, também, o início da maturação do cerebelo, que se completa por volta dos nove anos, permite um primeiro controle do equilíbrio em voo e, em geral, de atividades mais complexas. Começam as primeiras corridas, propriamente ditas, entretanto, falta ainda uma condição adequada entre as aferências da periferia e os impulsos eferentes, porque os segmentos dotados de maior velocidade e momento de inércia estão ainda pouco controlados: por exemplo, o segmento perna-pé se desloca abduzamente na corrida. Se fizermos uma criança correr sobre uma linha traçada no solo, dando-lhe a máxima importância à trajetória correta, a ajudaremos a adquirir uma correta orientação espacial.

- ♣ Aos quatro anos, a criança consegue manter-se em equilíbrio em um só pé.
- ♣ Aos seis anos, a insuficiente lateralização, juntamente com a escassez de força muscular, impede que a criança execute saltos mais altos que suas pernas; por esse motivo, o equilíbrio em voo de crianças dessa idade deve ser treinado com saltos para baixo.
- ♣ Aos oito e nove anos, estrutura-se a lateralização das extremidades: nos saltos as extremidades inferiores já não se colocam em linha. A especialização de funções previsíveis de uma extremidade e das funções posicionais da outra, unidas à maturação do equilíbrio em voo, permite um salto perfeito, apresentando ainda a carência de força como fator limitante.

No pubescente (primeira fase puberal), o sistema vestibular já está desenvolvido, tanto que estímulos que causam tonteiras nas crianças já são agora bem tolerados. A maturação do equilíbrio é acompanhada da conquista do ambiente; imagine uma criança que finalmente consegue deambular.

No idoso, acontece um processo inverso, principalmente pela degeneração das estruturas neurais, principalmente quando o mesmo não é estimulado, fato que como uma bola de neve, cada vez mais o faz perder sua capacidade de locomoção e independência.

4.3. EDUCAÇÃO DO EQUILÍBRIO NO RECÉM-NASCIDO

O bebê primeiro consegue ficar confortável na posição prona (de barriga para baixo) e depois na posição supina (barriga para cima). Assim, nos primeiros dias de vida, deve-se colocá-lo nessas posições e depois seria interessante tomá-lo nos braços e colocá-lo em várias posições para estimular seu aparelho vestibular.

Aos três meses de idade pode-se sustentá-lo de pé e em outras posições por períodos curtos de cinco minutos. Tem que se evitar roupas e calçados demasiadamente apertados, porque limitam os movimentos. Os pais devem acompanhar o desenvolvimento das crianças observando eventual sintoma de cinesiopatias infantis, ou seja, sinal precoce de alteração neurológica da motricidade, que se reflete através de um equilíbrio deficiente. Quanto mais cedo se diagnostica uma deficiência motora, maiores serão as chances de recuperação. Alguns exemplos de deficiências neurológicas:

♣ **Quando a criança tem um mês** – ausência de fixação oculomotora, alteração da reatividade;

♣ **Aos quatro meses** – fixação oculomotora inconstante, ausência de sorriso, controle da cabeça deficiente, mãos fechadas e assimetrias laterais;

♣ **Aos nove meses** – controle incompleto do tronco, assimetrias laterais, deficiências da coordenação óculo-manual, resposta inadequada aos estímulos ambientais.

6

FISIOLOGIA DO EQUILÍBRIO

A neutralização das forças que agem sobre o corpo e, consequentemente, a manutenção do equilíbrio pelo homem é uma busca constante, tanto em suas atividades diárias como em atividades desportivas e laborais.

O equilíbrio é uma função muito complexa, no qual intervêm e integram-se muitos fatores de diferentes naturezas (física, psicológica e emocional), sendo considerado por Palmisciano (1994) um fenômeno multimodal.

Empiricamente, o equilíbrio consiste na capacidade de controlar adequadamente o corpo para manter e recuperar a postura balanceada. Entretanto, quando pretendemos enfocar o assunto de maneira mais aprofundada e científica, surgem algumas dificuldades, tal a quantidade de fatores que interferem em sua apresentação.

Nesse sentido, serão destacadas, nesse capítulo, as principais estruturas neurofisiológicas que direta e indiretamente atuam nas prestações do equilíbrio.

6.1. CEREBELO

O cerebelo, localizado atrás do tronco cerebral, funciona através de intrincados circuitos de retroalimentação, monitorizando e coordenando outras áreas do cérebro e da medula espinhal que participam no controle motor. É um órgão constituído do sistema nervoso suprassegmentar que funciona sempre em níveis involuntários e inconscientes, sendo sua atividade exclusivamente motora (MC ARDLE; KATCH; KATCH, 2000).

O cerebelo apresenta três grandes divisões anatomofuncionais, estando suas atribuições assim distribuídas: o córtex do lobo floculonodular ou arquicerebelo recebendo fibras que chegam dos núcleos vestibulares pelo fascículo vestíbulo-cerebelar, trazendo impulsos que informam sobre a posição da cabeça. Esses impulsos são integrados no cerebelo e a resposta cerebelar projeta-se sobre os neurônios motores no sentido da manutenção do equilíbrio. Esses impulsos parecem estar, principalmente, implicados com os estímulos a partir dos canais semicirculares (CS), porque a destruição desse lobo acarreta quase o mesmo sintoma clínico que a destruição dos próprios CS, que é a perda do equilíbrio durante as mudanças rápidas na direção nos deslocamentos, porém não causando alterações graves ao equilíbrio estático.

O paleocerebelo corresponde ao lobo anterior do cerebelo, a pirâmide e a úvula, tendo as suas principais conexões aferentes chegando pelo trato espinocerebelar anterior e o espinocerebelar posterior. Por intermédio dessas conexões, o cerebelo recebe impulsos proprioceptivos que informam sobre o grau de tensão da musculatura, integra essas informações e projeta sobre os neurônios motores a sua resposta no sentido de regulação do tônus e da postura, agindo principalmente sobre a musculatura extensora. Acredita-se também que a úvula do cerebelo atue consideravelmente no equilíbrio estático.

O neocerebelo corresponde a todo o resto do lobo posterior do cerebelo, também chamado cerebelo cortical por suas amplas conexões com o córtex cerebral, relacionando-se com o controle de movimentos finos. Os impulsos eferentes do cerebelo, que vão ao córtex cerebral, terminam principalmente nas áreas motoras do lobo frontal, onde têm origem os impulsos que dão início aos movimentos voluntários. Assim, simultaneamente com os impulsos para início dos movimentos voluntários, o córtex cerebral envia impulsos ao cerebelo através da via córtico-ponto-cerebelar, de tal modo que o cerebelo possa coordenar esses movimentos, agindo sobre o próprio neurônio cortical (via cerebelo-rubro-tálamo-cortical), ou diretamente sobre os neurônios motores (via cerebelo-rubro-retículo-espinhal).

6.2. APARELHO VESTIBULAR

O aparelho vestibular é formado por um sistema de tubos e câmaras ósseas na porção petrosa do osso temporal, chamado de labirinto ósseo. Contém em seu interior um sistema de tubos e câmaras membranosas, denominado labirinto membranoso, órgão que detecta as sensações de equilíbrio. O labirinto membranoso é constituído pela cóclea, três canais semicirculares e duas grandes câmaras, o utrículo e o sáculo. A cóclea é responsável pela audição e não interfere no equilíbrio; entretanto, os canais semicirculares, o utrículo e o sáculo são todos integrantes do mecanismo de equilíbrio (Fig. 9).

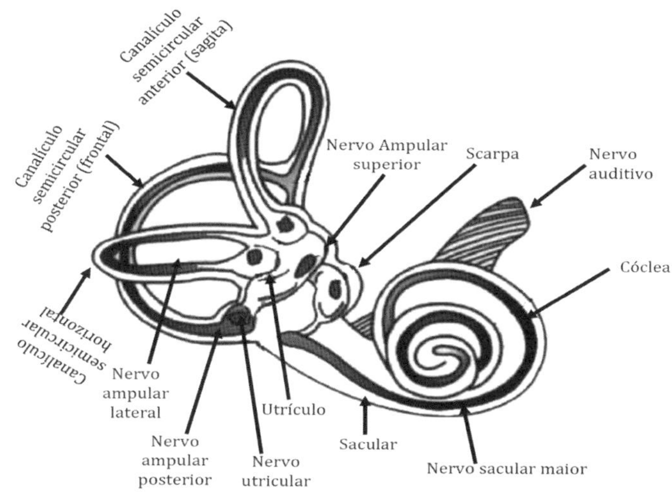

Fig. 9. Aparelho vestibular

O sistema vestibular é extremamente eficiente para a manutenção do equilíbrio quando a cabeça encontra-se em uma posição próxima à vertical, podendo determinar um desequilíbrio mínimo de meio grau quando o corpo se desloca da posição vertical. À medida que o corpo se afasta da vertical, a determinação da orientação da cabeça pelo sentido vestibular torna-se menos precisa. A extrema sensibilidade vestibular na posição vertical é de suma importância para a manutenção do equilíbrio vertical, sendo essa a função mais essencial do aparelho vestibular.

6.2.1. Função dos canais semicirculares

Existem três CS em cada aparelho vestibular, chamados de canais semicirculares anterior (CSA), posterior (CSP) e lateral (CSL), representando os três planos no espaço, pois estão dispostos em ângulo reto um em relação ao outro. Quando a cabeça é inclinada para frente a aproximadamente 30°, os CSL ficam localizados mais ou menos horizontalmente, os CSA ficam localizados em planos verticais projetando-se para frente e a 45° para fora e os CSP também ficam em planos verticais, porém projetados para trás e a 45° para fora em relação à superfície da terra (Fig. 10).

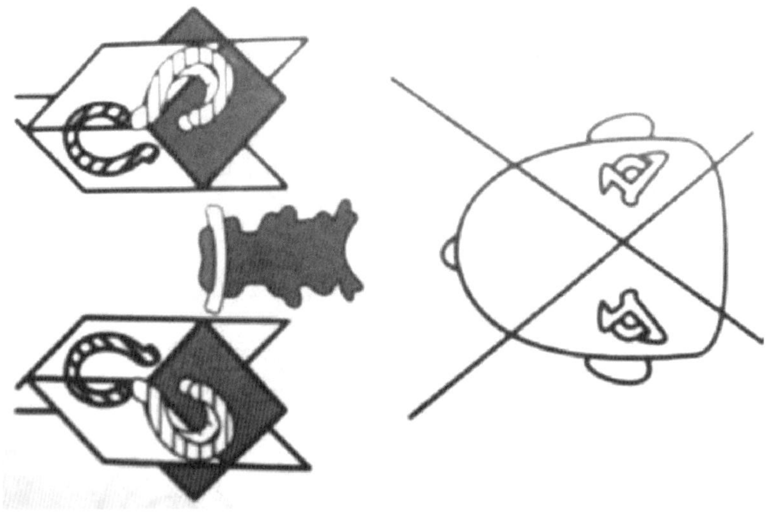

Fig. 10. Disposição espacial dos 3 canais semicirculares

Os CS contêm no seu interior um líquido viscoso chamado endolinfa e possuem uma dilatação numa de suas extremidades chamada ampola. A passagem da endolinfa para dentro da ampola excita os seus órgãos sensoriais da seguinte forma: na ampola existe uma pequena elevação chamada crista ampolar, contendo uma massa gelatinosa chamada de cúpula. Quando a cabeça gira em qualquer direção, a inércia do líquido em um ou mais dos CS fará com que o líquido permaneça estacionado, enquanto o CS acompanha o movimento da cabeça causando o fluxo do canal para dentro da ampola, inclinando a cúpula para um lado. A rotação da cabeça na direção oposta faz com que a cúpula se incline para o outro lado. A crista ampolar contém centenas de células pilosas formadas por dezenas de cílios que se projetam para dentro da cúpula (Fig. 11). Os quinocílios (os maiores dos cílios) dessas células pilosas dirigem-se para o mesmo lado da cúpula e a inclinação da cúpula nessa direção causa a despolarização das células pilosas, enquanto a inclinação na direção oposta hiperpolariza as células. Assim, a partir das células pilosas, sinais apropriados são enviados, por meio do nervo vestibular, para informar ao sistema nervoso central as alterações da velocidade e da direção da rotação da cabeça nos três planos do espaço (GUYTON; HALL, 1997).

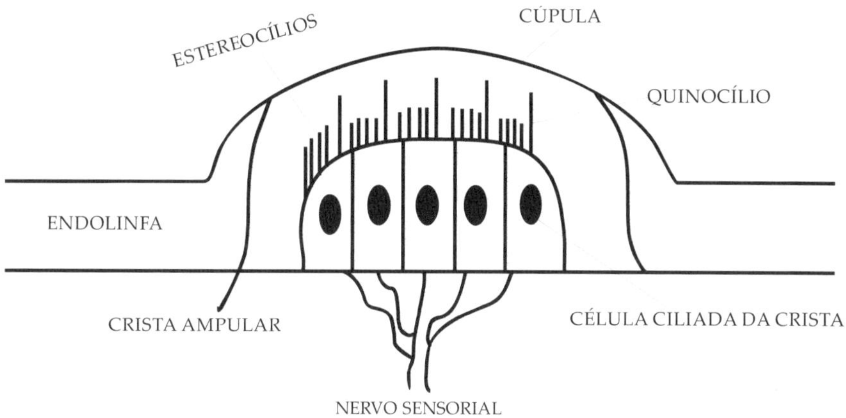

Fig. 11. Crista ampolar e a cúpula

6.2.1.1. Detecção da aceleração angular da cabeça pelos canais semicirculares

Se a cabeça girar subitamente em qualquer direção, a endolinfa dos CS, devido à sua inércia, tende a permanecer estacionada enquanto os CS giram, causando um fluxo relativo de líquido dentro dos canais em direção oposta à rotação da cabeça. Mesmo a cúpula estando na posição de repouso, as células pilosas emitem uma descarga tônica de aproximadamente 100 impulsos. Porém, quando a cabeça começa a girar, os cílios se curvam para um lado e a velocidade das descargas aumenta muito. Continuando a rotação, o excesso de descarga das células pilosas gradualmente diminui, voltando ao nível de repouso em alguns segundos.

O motivo dessa adaptação do receptor é que dentro de 1 segundo ou mais de rotação, a pressão retrógrada da cúpula inclinada faz com que a endolinfa gire tão rapidamente quanto o próprio CS, então de 5 a 20 segundos, a cúpula volta lentamente à sua posição de repouso no meio da ampola por meio de seu recuo elástico.

Assim que a rotação cessa subitamente, ocorre o efeito exatamente oposto: a endolinfa continua a girar enquanto o CS para. Assim, a cúpula é inclinada na direção oposta, fazendo com que a célula pilosa pare completamente de descarregar. Após alguns segundos, a endolinfa para de se mover e a cúpula volta a sua posição de repouso, permitindo que a descarga da célula pilosa volte a seu nível tônico normal. Portanto, o CS transmite um sinal de polaridade quando a cabeça começa a girar e de polaridade oposta quando ela pára. Entretanto, algumas células ciliares sempre respondem a rotação em qualquer plano (horizontal, sagital ou coronal), já que o movimento do líquido ocorrerá sempre em pelo menos um CS.

6.2.1.2. Função de previsão do canal semicircular

Os CS não detectam que o corpo está fora de equilíbrio na direção anterior, lateral ou posterior, tendo como função apenas detectar o início ou fim da rotação da cabeça numa ou em outra direção. Assim, parece que os CS não atuam na manutenção do equilíbrio estático, no equilíbrio durante a aceleração linear ou quando a pessoa fica exposta às forças centrífugas contínuas. Entretanto, a perda da função dos CS faz com que a pessoa tenha fraco equilíbrio ao realizar movimentos rápidos, principalmente se houver mudanças de direção.

Se uma pessoa corre rapidamente e, de súbito, vira para um lado, poderia cair desequilibrada em segundos, a não ser que correções apropriadas sejam feitas antecipadamente. O mecanismo dos CS assume essa responsabilidade e prevê antes do tempo que o desequilíbrio vai ocorrer, fazendo com que as estruturas responsáveis pelo equilíbrio providenciem os ajustes preventivos apropriados.

A remoção do lóbulo flóculonodular do cerebelo impede o funcionamento normal dos CS, porém apresenta menos efeito sobre a atuação dos receptores maculares. É essencialmente importante que o cerebelo atue como um órgão de previsão para a maioria de outros movimentos rápidos do corpo, bem como os que se relacionam ao equilíbrio e quanto mais treinado estiver esse processo, melhor será o desempenho em atividades desportivas e na prevenção de acidentes.

6.2.2. Funções do utrículo e do sáculo

No interior de cada utrículo e sáculo existe uma pequena área sensorial com aproximadamente 2 mm de diâmetro chamada de mácula. A mácula do utrículo localiza-se principalmente no plano horizontal sobre a superfície inferior do utrículo e tem a função de determinar a direção da cabeça em relação à força gravitacional, sendo sensível ao deslocamento da cabeça em qualquer direção, quando a pessoa encontra-se de pé. De outra forma, a mácula do sáculo localiza-se principalmente num plano vertical, responde às vibrações de baixa frequência e à aceleração gravitacional e linear, sendo importante para o equilíbrio enquanto a pessoa estiver deitada.

A mácula é coberta por uma camada gelatinosa contendo muitos cristais pequenos de carbonato de cálcio, chamados de estatocônias. Esses possuem uma gravidade específica duas a três vezes maior que a gravidade específica do líquido e dos tecidos circunjacentes, o que faz com que seu peso incline os cílios na direção da força da gravidade. A mácula contém também milhares de células pilosas que projetam cílios superiormente para dentro da camada gelatinosa. As bases e os lados das células pilosas fazem sinapse com as terminações sensoriais do nervo vestibular, sendo esse o canal de descarga deste órgão (MOUNTCASTLE, 1974).

6.2.2.1. Atuação das células pilosas e do quinocílio

Cada célula pilosa tem de 50 a 70 pequenos cílios denominados esteriocílios, e mais um longo cílio, o quinocílio. O quinocílio localiza-se sempre de um lado e os esteriocílios tornam-se progressivamente mais curtos em direção ao outro lado da célula. Pequenas conexões filamentosas ligam a ponta de cada esteriocílio ao esteriocílio mais longo adjacente e finalmente ao quinocílio. Quando os esteriocílios se curvam em direção ao quinocílio, as conexões filamentosas tracionam, uma após a outra os esteriocílios, puxando-os para fora do corpo celular abrindo centenas de canais em cada membrana ciliar para a condução de íons positivos, que fluem para dentro da célula a partir do líquido endolinfático circunjacente, causando despolarização. Inversamente, a inclinação do conjunto de cílios na direção oposta, para longe do quinocílio, reduz a tensão sobre as conexões, o que fecha os canais iônicos, causando hiperpolarização (Fig. 12).

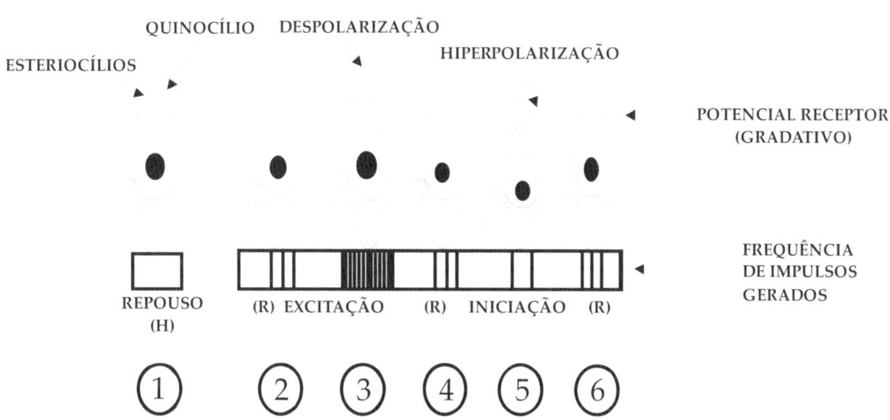

Fig. 12. Células pilosas e o quinocílio

Em repouso, as fibras nervosas, a partir das células pilosas, transmitem impulsos nervosos contínuos na frequência de aproximadamente 100/S, porém, quando os cílios são inclinados em direção ao quinocílio, o tráfego de impulsos pode aumentar até várias centenas por segundo. Inversamente, a curvatura dos cílios na direção oposta diminui o tráfego de impulsos, frequentemente fazendo-o cessar completamente. Assim, à medida que a orientação da cabeça muda no espaço e o peso das estatocônias, cuja gravidade é duas a três vezes maior que a dos tecidos em volta, inclinam-se, os cílios e sinais apropriados são transmitidos para o cérebro para controle do equilíbrio. Na mácula, as células pilosas são orientadas em direções diferentes, de modo que algumas delas são estimuladas quando a cabeça se flexiona, outras quando se estende, outras quando se inclina para um lado e outras para o outro lado. Portanto, um padrão diferente de excitação ocorre nas fibras nervosas da mácula para cada inclinação da cabeça, e é este padrão que informa o cérebro sobre a posição da cabeça em relação à força da gravidade.

É extremamente importante que as diferentes células pilosas estejam orientadas em todas as direções possíveis nas máculas dos utrículos e dos sáculos, para que em diferentes posições da cabeça, diferentes células pilosas sejam estimuladas, permitindo que os sistemas motor, cerebelar e vestibular possam excitar os músculos apropriados para a manutenção do equilíbrio.

6.2.2.2. Detecção da aceleração linear pelas máculas do sáculo e do utrículo

Se o corpo for deslocado bruscamente para frente e acelerado, as estatocônias que têm maior inércia que o líquido circundante, caem para trás sobre os cílios das células pilosas e informações sobre o desequilíbrio são enviadas para os centros nervosos, fazendo com que a pessoa se sinta como se estivesse caindo para trás. Isso automaticamente faz com que a pessoa se incline para frente, causando o deslocamento para frente das estatocônias. Nesse ponto, o sistema nervoso detecta um estado de equilíbrio adequado e não inclina mais o corpo para frente. Portanto, as máculas operam para manter o equilíbrio na aceleração linear do mesmo modo que fazem no equilíbrio estático.

6.3. FORMAÇÃO RETICULAR

A formação reticular consiste em uma agregação mais ou menos difusa de neurônios de tamanhos e tipos diferentes, separados por uma rede de fibras nervosas dispostas em várias direções. Constitui-se em uma formação do tronco encefálico, preenchendo todo o espaço que não é ocupado pelos tractos, fascículos e núcleos de estruturas mais compactas (Machado, 2004). Exerce uma ação de ativação tonificadora sobre a musculatura extensora, harmoniza os estímulos eferentes oriundos do aparelho vestibular e os integra com as informações proprioceptivas vindas do corpo para realizar os ajustes posturais.

6.3.1. Reflexo de direcionamento

Além dos reflexos vestibulares, a formação reticular intervém também na manutenção da posição da musculatura cervical (principalmente a extensora), por meio dos reflexos extralabirínticos, moduladores dessa musculatura (reflexo de direcionamento). Esses reflexos restabelecem o corpo a seu eixo e contribuem na manutenção da atitude erguida. O direcionamento reflexo da cabeça é controlado pelos proprioceptores do pescoço em colaboração com o vestíbulo. Esse mecanismo é utilizado pelos atletas de trampolim acrobático durante a realização de séries na cama elástica; entretanto, o papel dos reflexos de direcionamento extralabirínticos é secundário, pois o vestíbulo informa ao saltador sobre a posição da cabeça no espaço, enquanto que os receptores do pescoço permitem a localização do corpo.

6.4. PROPRIOCEPTORES

A propriocepção é definida como a capacidade corporal em sentir ou perceber, consciente ou inconscientemente, posições, movimentos e forças que atuam nas estruturas do corpo. Essa capacidade requer a integração de informações sensoriais de proprioceptores periféricos (fuso muscular, órgão tendinoso de Golgi e mecanoreceptores articulares), aparelho vestibular e visão (HURLEY; HEES; NEWHAM, 1998). As sensações proprioceptivas são responsáveis pelo sentido de posição e de movimento do corpo (cinestesia) e permitem a execução de movimentos uniformes e coordenados, a manutenção da postura e do tônus muscular normal.

6.4.1. Fuso muscular

Os fusos musculares enviam informações ao SNC a respeito do grau de distensão do músculo e determinam o número de unidades motoras necessárias a contrair para vencer uma resistência, sendo de vital importância no controle da postura e na prevenção de lesões. É composto por um conjunto de fibras musculares intrafusais modificadas, com capacidade de contrair apenas nas extremidades através da estimulação dos motoneurônios gamas. As fibras intrafusais estão paralelas às extrafusais, e, assim, quando o músculo é alongado, o fuso acompanha essa distensão, ativando as fibras sensitivas para transportar estímulos ao SNC para desencadear a contração muscular através da estimulação dos motoneurônios alfa. Com a contração, o fuso se readapta, cessando a transmissão de impulsos, fazendo o músculo relaxar. O fuso muscular é sensível ao estiramento alcançado pela fibra muscular e a velocidade da mudança nesse estiramento. Esses dois tipos de sensibilidade podem ser exemplificados pela contração sustentada dos músculos antigravitacionais engajados na manutenção da postura.

Relacionado ao comprimento final de suas fibras, os músculos antigravitários sofrem um estiramento tônico, devido à força gravitacional. A manutenção da postura requer um estímulo de baixa intensidade, sendo assim, os motoneurônios menores que possuem um limiar de excitabilidade relativamente baixo recrutam as unidades motoras formadas por fibras de contração lenta, pois a velocidade mais lenta e a resistência à fadiga as tornam mais especializadas na manutenção da postura. Entretanto, se ocorrer um movimento brusco, inesperado, o músculo sofrerá um novo estiramento desencadeando uma contração reflexa, através do fuso, recolocando o segmento na posição original. No início desse processo, a contração é mais forte que a necessária, porque ocorre uma certa supercompensação reflexa. Nesse tipo de estiramento, chamado estiramento fásico, o fuso responde à velocidade de mudança no comprimento, e não ao comprimento em si.

O sistema gama também pode desencadear o estiramento do fuso, pois as extremidades contráteis das fibras intrafusais são inervadas pelos motoneurônios gama, que podem ser estimulados diretamente pelo córtex cerebral. Essa estimulação causa a contração das extremidades do fuso, distendendo sua região central, o que estimula o nervo sensorial, fato que demonstra que o fuso pode ser ativado sem a participação do restante do músculo.

6.4.2. Órgãos tendinosos de Golgi

Os órgãos tendinosos de Golgi são receptores encapsulados localizados no tendão. São sensíveis ao estiramento, menos que o fuso, exigindo um estiramento muito forte dos tendões, provocado pela contração muscular para serem estimulados.

Os fusos musculares e os órgãos tendinosos de Golgi agem mutuamente no controle motor. Os fusos, além de proporcionarem o grau de tensão muscular apropriado para a realização do movimento uniforme e coordenado, defendem o músculo e as estruturas adjacentes em caso de fortes estiramentos, através da contração do mesmo. Contrariamente, os órgãos tendinosos de Golgi causam o relaxamento muscular quando o estiramento é demasiadamente forte e a ação do fuso não foi suficiente para prevenir a lesão.

6.4.3. Receptores articulares

Os receptores articulares são denominados de corpúsculo de Pacine, órgãos tendinosos de Rufini e bulbos terminais de Krause. Localizam-se nos músculos, tendões, ligamentos, periósteos e cápsulas articulares e enviam estímulos ao sistema nervoso central informando sobre o ângulo articular, a aceleração da articulação e o grau de deformidade produzida pela pressão.

6.4.4. Proprioceptores do pescoço

Como visto anteriormente, o aparelho vestibular detecta e orienta apenas o movimento da cabeça, sendo necessário que os centros nervosos recebam também informações apropriadas sobre a orientação da cabeça em relação ao resto do corpo. Essas informações são fornecidas pelos proprioceptores do pescoço e do resto do corpo para os núcleos vestibulares e reticulares do tronco cerebral e, indiretamente, por meio do cerebelo. As informações dos receptores articulares do pescoço são especialmente importantes para a manutenção do equilíbrio em relação ao direcionamento da cabeça. Se a cabeça for inclinada em uma direção, pela curvatura do pescoço, impulsos dos receptores do pescoço se opõem aos impulsos do aparelho vestibular, não deixando que este dê à pessoa a sensação de desequilíbrio. Porém, se todo o corpo inclina-se em uma direção, os impulsos do aparelho vestibular não são compensados pelos dos receptores do pescoço, e, com isso, a pessoa percebe uma alteração de desequilíbrio do corpo inteiro.

As informações proprioceptivas desempenham papel importante na manutenção do equilíbrio. As sensações de pressão das plantas dos pés podem informar se o peso do corpo está igualmente distribuído entre os dois pés e ou se está mais para frente ou para trás sobre os pés. Podem também auxiliar em esportes automobilísticos, em que o controle dos pedais requer uma sensibilidade apurada, e em esportes disputados em pisos irregulares, como o voleibol de praia, onde a areia causa desequilíbrio constante, exigindo grande capacidade de ajuste corporal do praticante. Esse aspecto talvez seja o fator mais determinante para a adaptação do jogador de voleibol de quadra quando se aventura a jogar na praia.

6.5. EXTERIOCEPTORES

As informações exterioceptivas são oriundas de receptores localizados na pele que também exercem grande importância na manutenção do equilíbrio. Quando uma pessoa está correndo, a pressão do ar contra a frente do corpo excita as terminações nervosas de pressão da pele para informar que uma força está se opondo ao corpo numa direção diferente à força da gravidade, fazendo com que a pessoa inicie os ajustes apropriados, inclinando-se para frente, evitando o desequilíbrio para trás. Esses receptores são também de grande importância em atividades desportivas, e se o atleta, de algum modo, tem essa capacidade bem desenvolvida, sem dúvida poderá tirar proveito em algumas provas como corridas de velocidade, ciclismo, *surf* aéreo, paraquedismo, corrida de moto, em que a pressão do ar sobre a pele pode indicar a melhor postura e técnica a serem usadas. De igual maneira, pode-se também destacar o contato corporal nas lutas e a pressão d'água sobre a pele no nadador, entre outras.

6.6. VISÃO

O mecanismo visual pode ser usado de modo, razoavelmente, eficaz na manutenção do equilíbrio, suprindo uma possível perda funcional do aparelho vestibular e das informações proprioceptivas. Isso ocorre porque qualquer movimento, mesmo que discreto, linear ou giratório do corpo, pode mudar a imagem da retina, transmitindo essas informações para os centros controladores do equilíbrio. Algumas pessoas com destruição do aparelho vestibular têm equilíbrio quase normal enquanto seus olhos estiverem abertos e realizarem os movimentos lentamente. Entretanto, quando se moverem rapidamente ou quando os olhos estão fechados, o equilíbrio é imediatamente perdido.

Às vezes, torna-se difícil identificar a procedência dos estímulos entre os proprioceptores e os exteroceptores, tal a proximidade e a fluência de informações concomitantes entre seus receptores. Porém, em conjunto, todas as informações oriundas dos exteroceptores, proprioceptores, aparelho vestibular e visão, coordenadas pelo cerebelo, servem para dar ciência da posição do corpo e dos membros, como também para munir o indivíduo de reflexos automáticos relacionados à postura e ao equilíbrio corporal.

7

FATORES CONDICIONANTES DO EQUILÍBRIO

Para que se possa entender, desenvolver e avaliar a capacidade de equilíbrio corporal, é preciso que se conheçam todos os fatores determinantes, dependentes de uma série de estruturas diferentes em partes combinadas e complexas que provocam alterações neste. O conhecimento desses fatores possibilitará a criação e escolha de métodos mais eficazes no seu processo de avaliação e treinamento bem como a identificação de variáveis intervenientes nas pesquisas científicas relacionadas ao equilíbrio corporal.

Têm-se como fatores condicionantes do equilíbrio: a) condição funcional das estruturas neurofisiológicas; b) posição do centro de gravidade; c) base de apoio; d) coordenação intermuscular; e) coordenação intramuscular; f) idade; g) sexo; h) gestação; i) treinamento; j) barulho; l) tipologia cicardiana; m) fármacos; n) enfermidades; o) força; p) desequilíbrio muscular; q) condição psíquica; r) concentração; s) fadiga e outros.

7.1. CONDIÇÃO FUNCIONAL DAS ESTRUTURAS NEUROFISIOLÓGICAS

É de grande importância a funcionalidade das estruturas neurais envolvidas no equilíbrio, pois estas representam a eficiência das informações e uma realimentação adequada dos centros superiores que vão processar estímulos a serem respondidos com o ato motor. As principais estruturas neurais envolvidas no equilíbrio, com suas respectivas funções, são:

7.1.1. Cerebelo

Tem como funções específicas a manutenção do equilíbrio, do tônus muscular, da postura e da coordenação dos movimentos (MACHADO, 2004). Astrand e Rodahl (1980) destacam que o cerebelo tem uma função-chave no controle fino e eficiente dos movimentos.

7.1.2. Aparelho vestibular

A extrema sensibilidade vestibular na posição vertical é de suma importância para a manutenção do equilíbrio vertical, sendo essa a função mais essencial do aparelho vestibular.

7.1.3. Formação reticular

Exerce uma ação de ativação tonificadora sobre a musculatura extensora, harmoniza os estímulos eferentes oriundos do aparelho vestibular e os integra com as informações proprioceptivas vindas do corpo.

7.1.4. Núcleos vestibulares

Nos núcleos vestibulares, as informações oriundas dos vestíbulos sofrem uma primeira integração com as oriundas dos receptores do pescoço para a correta leitura da relação entre posição da cabeça e do corpo no espaço.

7.1.5. Fuso muscular

Os fusos musculares enviam informações ao SNC a respeito do grau de distensão do músculo e determinam o número de unidades motoras necessárias a contrair para vencer uma resistência, sendo de vital importância no controle da postura e na prevenção de lesões.

7.1.6. Órgãos tendinosos de Golgi

São receptores encapsulados localizados nos tendões sensíveis ao estiramento, menos que o fuso, exigindo um estiramento muito forte dos tendões, provocado pela contração muscular, para serem estimulados. Contrariamente aos fusos musculares, os órgãos tendinosos de Golgi causam o relaxamento muscular quando o estiramento é demasiadamente forte e a ação do fuso não foi suficiente para prevenir a lesão.

7.1.7. Receptores articulares

Os receptores articulares são denominados de corpúsculo de Pacine, órgãos tendinosos de Rufini e bulbos terminais de Krause. Estão localizados nos músculos, tendões, ligamentos, periósteos e cápsulas articulares, e informam ao SNC sobre o ângulo articular, a aceleração da articulação e o grau de deformidade produzida pela pressão. Machado (2004) destaca que esses órgãos são proprioceptores conscientes, atingindo o córtex cerebral, permitindo a percepção da posição do corpo e de suas partes, bem como da atividade muscular e do movimento das articulações. São, pois, responsáveis pelo sentido de posição e de movimento (cinestesia).

7.2. POSIÇÃO DO CENTRO DE GRAVIDADE

Soutullo (2000) destaca que a posição do centro de gravidade é um fator importante no equilíbrio do sujeito, no qual influem a elevação e movimento lateral do mesmo. O mesmo deve, sempre que possível, estar situado sobre a base de sustentação do corpo para favorecer um adequado controle postural.

O comprimento do braço do momento de força e a estabilidade do corpo podem, também, ser influenciados pela altura do centro de gravidade. Considere o caso do lutador que adota duas posições contrastantes, uma muito ereta e a outra mais ortodoxa (baixa). A posição do lutador será menos estável quando seu centro de gravidade estiver mais alto do que baixo se, em ambos casos, a posição inicial da linha de gravidade relativa à base e o peso do lutador for o mesmo (Fig. 4).

7.3. BASE DE APOIO

Segundo Soutullo (2000), constitui a superfície de apoio corporal mantida com o solo ou outras estruturas. A dificuldade de se manter o equilíbrio diminui à medida que se aumenta o tamanho da base de apoio e vice-versa.

7.4. COORDENAÇÃO INTERMUSCULAR

Caracteriza-se pelo recrutamento controlado entre os diversos grupos musculares, principalmente entre os agonistas e antagonistas, acontecendo um inter-relacionamento harmônico entre os músculos envolvidos na ação de estabilizar o corpo, estando esse estático ou em movimento. Schmidtbleicher (1992) relata que a coordenação intermuscular descreve a habilidade de todos os músculos envolvidos em um movimento, agonista, antagonista e sinergista, para cooperar completamente com respeito ao movimento principal.

7.5. COORDENAÇÃO INTRAMUSCULAR

Schmidtbleicher (1992) destaca que a coordenação intramuscular é a relação entre os mecanismos de excitação e inibição de um músculo na execução de um movimento específico. Quanto mais desenvolvida estiver essa habilidade, melhor será a eficiência e precisão do movimento, destacando-se, ainda, um menor gasto energético.

7.6. IDADE

O desenvolvimento contínuo, fisiológico e cronológico infantil produz, em geral, um aumento qualitativo na apresentação do equilíbrio, sendo esse rendimento determinado por fases que parecem justificar e englobar todas as diferenças individuais de desenvolvimento biológico na maioria das pessoas.

A primeira expressão de movimentos voluntários determinada pelo desenvolvimento do sistema nervoso central, com a mielinização de suas estruturas, desenvolvimento ósseo e muscular ocorre na fase de 0 a 2 anos, na qual os movimentos reflexos são inibidos e substituídos pelo comportamento motor voluntário. O equilíbrio, embora rudimentar, tem um desenvolvimento rápido e aparece nos movimentos de controle da cabeça, do pescoço, do tronco, sentar em posição ereta e de andar.

Palmisciano (1994) destaca que, aos três anos de idade, o início da maturação do cerebelo, que se completa aos nove, conduz a um primeiro controle dos equilíbrios em voo, em geral mais complexos, destacando-se o começo das corridas.

A fase de sete aos dez anos de idade é onde ocorre uma rápida maturação do sistema nervoso central, verificando-se ao mesmo tempo um aumento da função dos analisadores ópticos e acústicos, bem como um melhoramento na assimilação das informações. Já que o equilíbrio é severamente dependente desses fatores, seu desenvolvimento parece acompanhar essa fase.

Um outro ponto é que o ritmo de desenvolvimento das diferentes partes do corpo é desigual, sendo isso particularmente marcante na adolescência. A cabeça representa uma grande parte do corpo na infância, as mãos e os pés atingem o tamanho adulto em primeiro lugar, seguidos por braços e pernas. O tronco é geralmente a parte do corpo cujo crescimento é mais lento. Assim, parece evidente que o equilíbrio pode ser afetado por esses fatores, pois, sabe-se que, por exemplo, uma criança de 12 anos pode ter o tamanho dos pés de um adulto, causando diferenças na relação base de sustentação-corpo, como também a relação entre o peso da cabeça e o tamanho do tronco pode elevar ou abaixar o centro de gravidade. Como é clara a importância da base de sustentação e da altura do centro de gravidade sobre o equilíbrio dos corpos, é possível afirmar que os fatores citados anteriormente (que se alteram com a idade), influenciam diretamente no equilíbrio corporal.

No idoso, após 65 anos, Dias (1986) citado por Mazo (1991), relata que as sensações referentes ao próprio corpo, percepção de movimento, são reduzidas. Ele também relata que as unhas crescem menos, há uma diminuição da audição, visão, paladar, olfato e tato em virtude da degeneração das terminações nervosas e, também, o poder de cicatrização se reduz dramaticamente. Douglas (1999, p. 239) afirma que "...os radicais livres de oxigênio alteram o complexo vestibular, agindo sobre o neurônio serotoninérgicos e que, aparentemente, este efeito seria um dos mecanismos que participariam na degeneração observada neste núcleo na velhice". Assim, parece que no idoso acontece um processo inverso ao observado no desenvolvimento infantil e juvenil. Como é clara a importância dessas estruturas na capacidade de equilíbrio corporal, pode-se afirmar que, o avanço da idade influi negativamente nessa capacidade, principalmente quando não existe um programa de treinamento físico que objetive amenizar esse processo.

Dantas e Oliveira (2001) relatam que existe uma diminuição na eficiência de algumas habilidades físicas no idoso, como a coordenação motora grossa e fina e o equilíbrio, bem como no esquema corporal, visão e audição.

Com relação à capacidade de equilíbrio diminuída no idoso, Salles (1995) destaca que até a forma de andar modifica-se para a realização de uma caminhada mais equilibrada, tendo o idoso que aumentar o tempo de apoio do pé no solo, diminuir o comprimento das passadas, reduzindo a amplitude dos movimentos dos tornozelos, joelhos e quadris e ampliar os movimentos da cintura pélvica, tronco e membros superiores.

7.7. SEXO

Devido às diferenças de físico, a altura do centro de gravidade nas mulheres é, normalmente, uma percentagem menor de sua estatura do que nos homens (55% para as mulheres e 57% para os homens). Essa diferença é notável entre as larguras do quadril (maior na mulher) e dos ombros (maior nos homens), resultando na localização mais baixa do centro de gravidade nas mulheres, quando ambos assumem a posição de pé (Fig. 13).

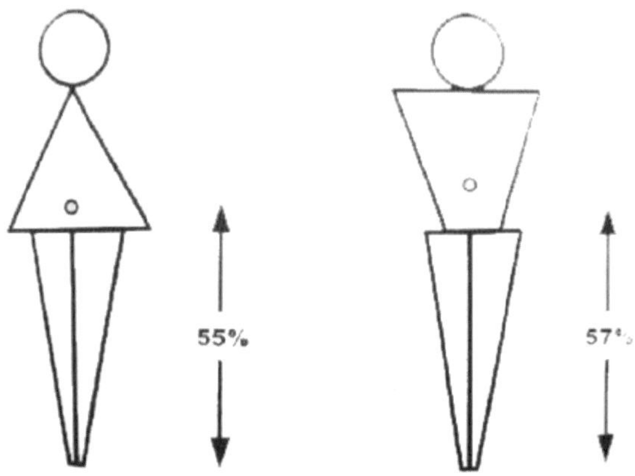

Fig. 13. Diferenças na largura dos ombros e quadris entre homens e mulheres

Entretanto, Palmisciano (1994) destaca que é motivo de discussão a diferença sexual na performance do equilíbrio. Segundo ele, a mulher tem o centro de gravidade mais baixo que o homem, porém os homens apresentam mais força que as mulheres, o suficiente para compensar esse fator. Assim, seguindo seu raciocínio, não parece existir uma clara diferença baseada no sexo.

Embora haja controvérsia em relação à diferença de sexo no equilíbrio, é preciso destacar que, culturalmente, dentro do contexto desportivo, acredita-se nessa diferença, tanto que, em alguns esportes, como, por exemplo, na ginástica artística, a prova de trave de equilíbrio só é disputada entre as mulheres.

7.8. GESTAÇÃO

Segundo Wolf (1993), as mudanças e o ganho de peso durante a gestação causam modificações relativas à postura e ao equilíbrio do corpo. O útero ganha aproximadamente 6 kg até o final da gestação e o desenvolvimento do feto resulta em uma protusão abdominal, deslocamento superior do diafragma, mudanças compensatórias na mecânica da coluna vertebral e rotação da pelve. Essas alterações físicas acarretam variações biomecânicas que influenciam a postura e, consequentemente, o equilíbrio.

7.9. TREINAMENTO

O exercício físico em situação de instabilidade, em qualquer idade, pode melhorar o equilíbrio e, em geral, tornar mais lenta a "degeneração" decorrente do avançar dos anos na idade adulta, de todas as atividades neuromusculares. Foram observados aumentos significativos na capacidade de equilíbrio corporal estático e dinâmico em adolescentes após oito semanas de treinamento na cama elástica.

Weineck (1999) destaca que a capacidade de equilíbrio é uma capacidade coordenativa que se desenvolve precocemente, devendo ser desde o início incluída no processo de treinamento.

7.10. BARULHO

O ruído pode interferir na *performance* do equilíbrio através de dois fatores: na perturbação da concentração, fazendo com que a pessoa desvie a atenção na realização de uma tarefa, como também na transmissão de estímulos nervosos do aparelho vestibular aos seus aferentes, tal a proximidade entre os canais semicirculares, utrículo, sáculo e a cóclea.

7.11. TIPOLOGIA CIRCADIANA

Durante as vinte e quatro horas do dia, as capacidades, especialmente as ligadas à atividade neural, apresentam um rendimento cíclico (PALMISCIANO, 1994). Como o equilíbrio é fundamentalmente dependente do sistema neural, parece evidente que a capacidade de equilíbrio pode ser influenciada pelo ritmo circadiano.

7.12. FÁRMACOS

Segundo Palmisciano (1994), existem numerosos fármacos que se mostram tóxicos para o aparelho vestibular e que causam alterações audiovertiginosas.

Os mais comuns, clássicos em seus efeitos ototóxicos, são os antibióticos aminoglicosídeos do grupo das mucinas. Algumas doenças vestibulares que causam alterações no equilíbrio e crises vertiginosas são causadas pela hidroestreptomicina e pela monociclina, pertencente a este grupo.

Súbitos zumbidos, tinitus e sensações da cabeça envolvida em panos, são os efeitos secundários de muitos anti-inflamatórios, como a aspirina comum e seus derivados (salicilatos) em doses médias altas. Também os antipiréticos (fármacos que baixam a temperatura) derivados da pirazolona podem ser causa de náuseas e vertigem.

A utilização de diuréticos em dietas para estimular a micção e eliminar líquido podem causar hipotensão arterial, refletindo em moleza e tonteira. Podem também, causar desidratação, fazendo com que a endolinfa perca suas características de viscosidade, diminuindo a capacidade de excitação das células pilosas nos canais semicirculares, com consequente prejuízo ao equilíbrio. Assim, percebe-se que a estratégia usada por muitos atletas que tentam perder pesos antes da competição, através de diuréticos, pode não ser adequada, principalmente quando a modalidade desportiva requer grande capacidade de equilíbrio, como nas lutas.

Os fármacos que interferem poderosamente na capacidade de equilíbrio são os tranquilizantes, os anticonvulsivantes e os analgésicos, especialmente os narcóticos e os estupefacientes (os derivados da morfina). O uso dessas substâncias, por sua ação sobre o sistema nervoso, deve ser evitado quando há a necessidade de realização de qualquer atividade de equilíbrio.

Em geral, o efeito dessas substâncias diminui com a suspensão da ingestão, entretanto é aconselhável evitar seu uso próximo a testes físicos ou competições que requeiram a capacidade de equilíbrio.

7.13. ENFERMIDADES

A diabete juvenil e a uremia alta (complicação de enfermidades renal) também influem negativamente na capacidade do equilíbrio (PALMISCIANO, 1994).

As prestações do equilíbrio nos indivíduos com deficiência visual são inferiores às dos videntes. Esse fato ocorre porque a visão é um sentido do qual a capacidade de equilíbrio é fortemente dependente, exigindo que outras estruturas se aperfeiçoem para compensar essa deficiência e manter os níveis de equilíbrio satisfatórios para as ações corporais.

Segundo Palmisciano (1994), os surdos também têm equilíbrio e orientação inferior aos dos ouvintes, devido à relação com o ouvido interno, do qual faz parte o vestíbulo. Entretanto, Gouveia (2003) relata que os estímulos auditivos e de equilíbrio são gerados no mesmo órgão (ouvido interno), porém em estruturas diferenciadas. Esta evidência, mais do que qualquer outra, mostra o quanto uma deficiência auditiva está desvinculada à dificuldade de equilíbrio.

7.14. FORÇA

Para a manutenção do equilíbrio estático, é necessária uma contração tônica muscular específica, assim a qualidade de força estática apresenta-se determinante nesse processo. Soutullo (2000) relata que o equilíbrio está intimamente relacionado à função muscular tônica, a qual dará ao indivíduo as bases para construir a coordenação e o domínio do espaço.

A diminuição da capacidade de força muscular no idoso em razão da sarcopenia e da diminuição da capacidade de recrutamento das unidades motoras contribui para a diminuição da condição de equilíbrio corporal, fato que deixa essa população sujeita a quedas.

No obeso, em que a relação entre a capacidade de força e peso corporal é diminuída, pode acontecer a mesma consequência descrita anteriormente.

7.15. DESEQUILÍBRIO MUSCULAR

O desequilíbrio na capacidade muscular, principalmente entre agonista e antagonista, parece influir negativamente no equilíbrio estático. Palmisciano (1994) relata que os distúrbios no equilíbrio estático devem-se a uma errônea diferenciação de tensão muscular. A diferença de capacidade muscular pode acontecer em força, potência e em flexibilidade, resultando em músculos mais tensos ou mais flácidos em uma mesma região do corpo. Essa diferenciação pode mudar o ponto de apoio entre duas articulações, acarretando mudanças na percepção cinestésica do corpo, bem como alterar a ação dos proprioceptores, provocando prejuízo à capacidade de equilíbrio.

7.16. CONDIÇÃO PSÍQUICA

As apresentações do equilíbrio necessitam e oferecem uma rica gama de sensações relacionadas com a emotividade e a afetividade. Elas criam ansiedades, requerem concentração e atenção, e o êxito em uma posição conquistada, com o treinamento, pode ser muito gratificante.

Palmisciano (1994) destaca que o equilíbrio psicológico favorece o equilíbrio motor em dois sentidos: no equilíbrio não só conta a situação posicional objetiva, mas também a sensação subjetiva de segurança e de tranquilidade operativa, e isso mostra-se evidente nas situações de desorientação; a tensão psíquica é sempre acompanha de rigidez muscular, afetando negativamente o equilíbrio. Lee (1987) afirma que os sujeitos demasiadamente ansiosos são negativamente influenciados nos trabalhos de equilíbrio, por fatores de perturbação e de estresse, enquanto que os que são pouco ansiosos não são prejudicados nesse sentido.

7.17. FADIGA E OUTROS

A fadiga é uma intoxicação produzida pela liberação de certas substâncias durante o trabalho muscular, como o acido lático e seus derivados, diminuindo o desempenho do músculo (LAPIERRE, 1978). Pode atuar, também, atrapalhando a transmissão sináptica, dificultando o sincronismo na condução do impulso neural para o músculo.

A fadiga extrema pode prejudica no equilíbrio, pois ocorrem movimentos antieconômicos e irracionais provocados pela inibição crescente nas estruturas centro nervosas responsáveis pelo controle motor. Johnson e Nelson (1985) destacam que a fadiga geral, mais que a local, influi negativamente no equilíbrio.

Parece também que o álcool, a nicotina e a falta de sono interferem negativamente no equilíbrio, pois agem sobre o nível de excitação, aumentando ou diminuindo o limiar de estimulação do córtex motor.

O conhecimento dos fatores que, direta ou indiretamente, influenciam nas prestações do equilíbrio corporal é de vital importância para profissionais que atuam nas atividades do dia a dia do homem, principalmente na do geronte, bem como de profissionais de educação física voltados para atividades docente e de treinamento.

Embora seja clara a importância do equilíbrio nas atividades desportivas, percebe-se que o contexto geral do treinamento desportivo ressente-se da falta de uma fundamentação fisiológica que conduza o atleta à melhoria dos padrões de equilíbrio, sendo este desenvolvido indiretamente através dos exercícios específicos para outras valências físicas no desporto, o que certamente não garante um nível ideal de aperfeiçoamento. O treinamento do equilíbrio deve ser sistematizado e incluído no plano de treinamento, sendo trabalhado em seções específicas em uma zona acima do limiar de adaptação, a fim de proporcionar o seu desenvolvimento necessário específico a cada desporto.

É importante destacar que, por exemplo, quando uma criança aprende a patinar ou andar de bicicleta, essas habilidades se consolidaram sob uma grande quantidade de mudanças na composição estrutural e/ou química do corpo: altura, peso, órgãos, músculos, ossos, sistema nervoso e hormonal; e que esses fatores diferem-se no decorrer do desenvolvimento humano. Assim, é clara a necessidade de estudos sobre como se comporta o equilíbrio sob esses fatores, principalmente quando os atribuímos a diferenças de sexo.

8

TESTES DE EQUILÍBRIO

É extremamente importante para o desenvolvimento dos conhecimentos sobre o equilíbrio, a execução e elaboração de testes que consigam quantificar e qualificar de forma fidedigna esta qualidade.

"Teste é um instrumento de medida que é utilizado para obter informações sobre um dado específico ou características sobre um grupo ou indivíduo" (FILHO, 1999, p. 157). Pode ser de caráter preditivo, quando evidenciam um talento, independente do treinamento realizado, ou não preditivo, quando dá um diagnóstico do grau de treinamento, indispensável para se observar se o objetivo do treinamento foi ou está sendo atingido. A avaliação da capacidade de equilíbrio pode ser de grande valia para predição de talentos em modalidades esportivas que requeiram essa qualidade em demasia.

Os testes de equilíbrio também, por proporcionarem a avaliação de uma qualidade física componente do esquema corporal, podem evidenciar um déficit no esquema corporal e/ou uma lesão nos mecanismos cinestésicos do corpo.

8.1. TESTES DE EQUILÍBRIO ESTÁTICO

8.1.1. Teste de Romberg

Romberg (1946) elaborou os primeiros testes médicos de equilíbrio, após observar que pessoas com transtornos vestibulares se desequilibravam na postura ereta com os pés juntos. Elaborou, então, o teste até hoje chamado de Romberg, que consiste em permanecer com os pés juntos, um na mesma direção e a frente do outro, braços ao longo do corpo, com os olhos fechados por 5 segundos. A não permanência nessa posição indica uma deficiência de equilíbrio estático ou alguma alteração no aparelho vestibular e/ou nos reflexos vestíbulos oculares e espinhais.

8.1.2. Teste da viga (FLEISHMAN, 1965)

Uma variação do teste de Romberg em que o testado deve colocar um pé sobre uma trave de 2 cm de largura, 40 cm de comprimento e 3 cm de altura, sustentada por dois suportes de 5 cm de altura. Após isso, deve fechar os olhos e retirar o outro pé do solo, ficando sobre a trave o maior tempo possível. Um cronômetro deverá ser acionado quando o testando perder o contato com o solo e parado quando o mesmo tocá-lo de volta. Deve-se deixar que o testando treine para descobrir com que perna ele se sai melhor e que todas as dúvidas sejam sanadas antes do teste.

8.1.3. Flamingo Balance Test (EUROFIT, 1988)

Objetivo do teste: equilibrar-se sobre uma barra de dimensões fixas.

Material: 1 trave de metal de 50 cm de comprimento por 4 cm de altura e 3 cm de largura revestido com um material de no máximo 5 mm de espessura, não derrapante, fixado à trave. Dois suportes de 15 cm de comprimento e 2 cm de largura para fornecer estabilidade à trave e 1 cronômetro.

Descrição: ensaiar e iniciar equilibrando tão logo quanto possível na barra sobre sua perna preferida. O testando flexionará sua perna livre e segurará na região dorsal do pé, permanecendo como um flamingo sobre a trave, podendo usar a mão livre para ajudar no equilíbrio. O testando será ajudado a permanecer na posição, podendo o mesmo segurar no antebraço do avaliador para iniciar o teste. O cronômetro é disparado assim que o testando largar o antebraço do avaliador. O testando deve se empenhar para permanecer na posição por um minuto, cada vez que o testando perder o equilíbrio e largar sua perna livre ou tocar com qualquer parte do corpo o chão, o cronômetro será travado. Depois de cada queda, o teste reinicia continuando a contagem do tempo até totalizar um minuto, observando-se a quantidade de quedas que o testando levou para completar a tarefa.

Instruções:

- ♣ Permanecer em frente ao sujeito;
- ♣ Ao sujeito é permitido um ensaio para se familiarizar com o teste e para o testador certificar-se de que o testando entendeu as instruções;
- ♣ O teste pode ser iniciado logo após o ensaio;
- ♣ Depois de cada caída, ajudar o sujeito a voltar para à posição inicial.

Escore: O número de tentativas necessárias para permanecer na trave sem cair por um minuto. Ex: um sujeito com 5 interrupções durante o teste receberá escore 5.

Atenção: se o sujeito cair 5 vezes, nos primeiros 30 segundos, o teste é finalizado e o sujeito terá escore 0 (o sujeito é incapaz de realizar o teste). Isso pode acontecer com crianças abaixo de 9 anos em razão da não maturação total do cerebelo.

Obs.: O teste será feito descalço, sendo vedada a utilização dos dedos para segurar na trave de equilíbrio (Fig. 14).

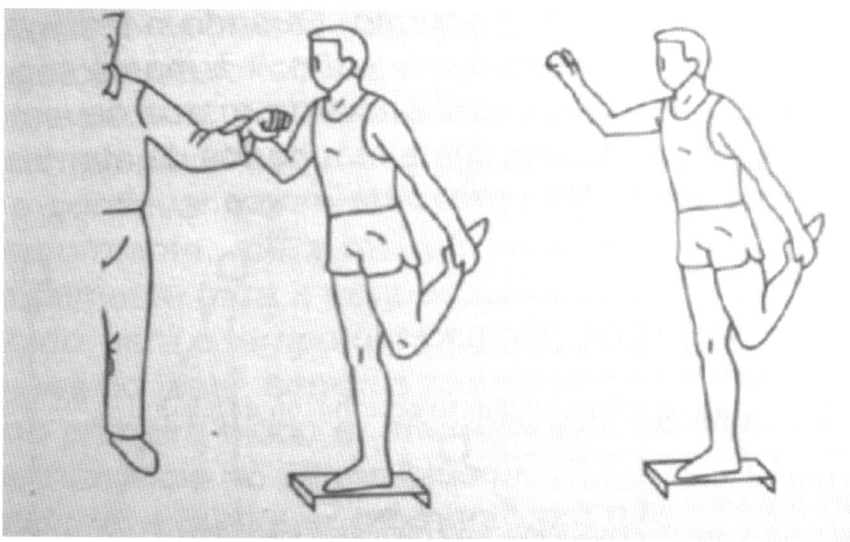

Fig. 14. Flamingo *balance test*

8.1.4. Teste funcional Reach

O teste *Functional Reach* é um teste clínico muito conhecido não só para mensurar o equilíbrio, mas também o controle postural por meio da medida da distância entre o comprimento do braço e o alcance máximo anterior, na posição ortostática, sem sair da base de apoio (TORRIANI *et al.*, 2007).

O avaliado em pé, com os pés separados e alinhados (boa base de apoio), ombros alinhados e com o braço elevado a 90° de flexão do ombro, deve alongar o corpo para frente, o máximo possível, sem movimentar os pés e sem perder o equilíbrio, conforme mostra a Fig. 15. A distância percorrida será medida em centímetros, sendo este o resultado do avaliado.

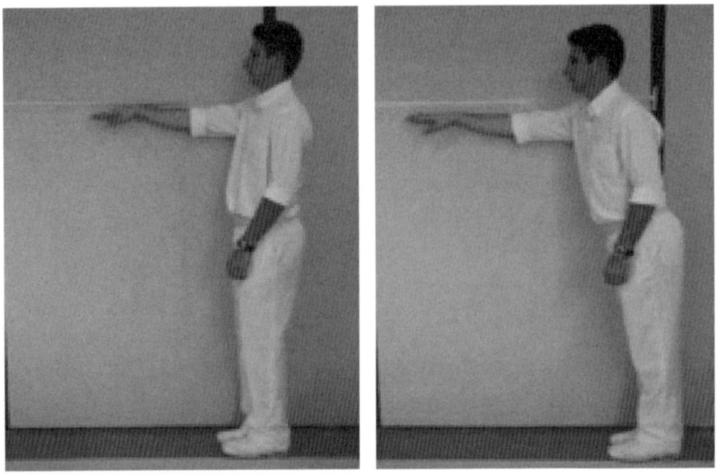

Fig. 15. Teste Funcional de Reach

8.2. TESTES DE EQUILÍBRIO DINÂMICO

8.2.1. Teste de equilíbrio dinâmico de Johnson e Nelson (1979)

Material: Cronômetro, fita adesiva e trena.

Descrição: O testando deverá assumir a posição em pé, com a perna direita colocada sobre a marca de saída. Deverá saltar para a primeira marca aterrissando sobre a perna esquerda, ponta do pé, e permanecer nessa posição tantos segundos quanto possíveis, até o tempo máximo de 5 segundos. Deverá então saltar para a segunda marca à direita, aterrissando sobre a ponta do pé direito e assim, sucessivamente, de uma marca para a outra. A ponta do pé deverá cobrir completamente a marca colocada no chão.

Resultado: O testando receberá para cada marca atingida 5 pontos, com a adição de 1 ponto para cada segundo que permanecer em equilíbrio sobre cada marca. Dessa forma, o testando poderá ter uma pontuação máxima de 10 pontos por cada marca, em um total de 100 pontos possíveis para o teste (Fig. 15).

Penalidades: As penalidades para esse teste podem ser classificadas em erros de aterrissagem e erro de equilíbrio. Erros de aterrissagem: O testando sacrifica 5 pontos em uma aterrissagem imprópria se ele cometer um dos seguintes erros: a) falha ao atingir a marca; b) tocar no solo com qualquer parte do corpo que não a ponta do pé; c) falhar na realização do salto. O mesmo terá 5 segundos para se recompor se qualquer uma destas falhas ocorrerem. Erros de equilíbrio: O testando sacrificará os pontos remanescentes se cometer, antes de completar os 5 segundos, qualquer um dos erros de equilíbrio: a) tocar no solo com qualquer parte do corpo que não as pontas do pé; e b) mover o pé quando estiver na posição em equilíbrio. Quando o testando perder o equilíbrio, deverá voltar à marca e só então ir à marca seguinte.

Obs.: a) Os segundos de permanência na marca devem ser contados em voz alta para o testando; b) os resultados de aterrissagem e de equilíbrio devem ser anotados para cada marca.

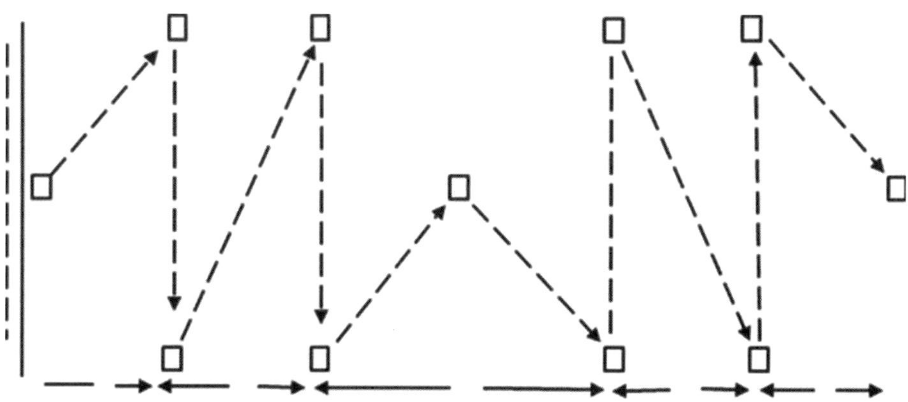

Fig. 16. Esquema do teste de equilíbrio dinâmico

8.2.2. Teste de equilíbrio de Johnson e Nelson (1979)

Material: Sete blocos pequenos de madeira (5 x 10 x 20 cm), uma trave de equilíbrio de madeira com três metros de comprimento, cinco centímetros de largura e dez centímetros de espessura, devendo ser mantida por suportes com pedaços de borracha na sua parte inferior. Quatro blocos devem ser marcados para diferenciar dos demais: cronômetro, trena, giz ou fita adesiva para marcar as posições dos blocos no chão. Desenhar duas linhas com 62 cm de distância e seis metros de comprimento, colocando os blocos cruzados (Fig. 17).

Descrição:

1ª fase: Quando o testando estiver pronto, deve dar um passo sobre o primeiro bloco, com o metatarso do pé esquerdo. No mesmo instante, o testador deve acionar o cronômetro, contando em voz alta os cinco segundos, adotando esse procedimento somente para os blocos marcados. O testando deve prosseguir o teste, conforme o esquema da Figura 17, pulando de um bloco para o outro e alternando as pernas a cada bloco.

Ele deve tentar executar o teste o mais rápido possível, sem cometer erros, devendo permanecer em equilíbrio por cinco segundos em um só pé nos blocos pintados. Quando andar pela trave de equilíbrio, na primeira fase do teste, deve caminhar com o calcanhar a ponta do pé, até a metade da trave, executar um giro de 180° e depois caminhar lateralmente para a direita até o final da trave.

2ª fase: Logo que o testando sair do último bloco, ele deverá executar um giro e retornar ao bloco, utilizando o metatarso do pé esquerdo, permanecer por cinco segundos, saltar para o próximo bloco alternando o pé e continuar conforme a Figura 16. Deverá caminhar na trave como anteriormente, até a metade, executar um giro de 180 graus e seguir lateralmente para a esquerda e completar o percurso.

Resultado: Será o tempo cumulativo, em décimos de segundo, para as duas fases do teste, sendo o cronômetro acionado quando o testando pisar no primeiro bloco e findar os cincos segundos de permanência no último bloco.

Penalidade: A qualquer momento que o testando tocar o solo, ele deverá voltar sobre o bloco no local onde caiu e continuar o teste. Se o testando cair do bloco, que deveria permanecer cinco segundos, deverá voltar ao mesmo e completar o tempo. Se o testando cair ou mudar a caminhada, calcanhar ponta ou lateralmente, sobre a trave de equilíbrio, o mesmo deverá voltar ao ponto onde ocorreu a falta e continuar o teste. Em todos os casos citados, o cronômetro deverá permanecer acionado até o final do teste.

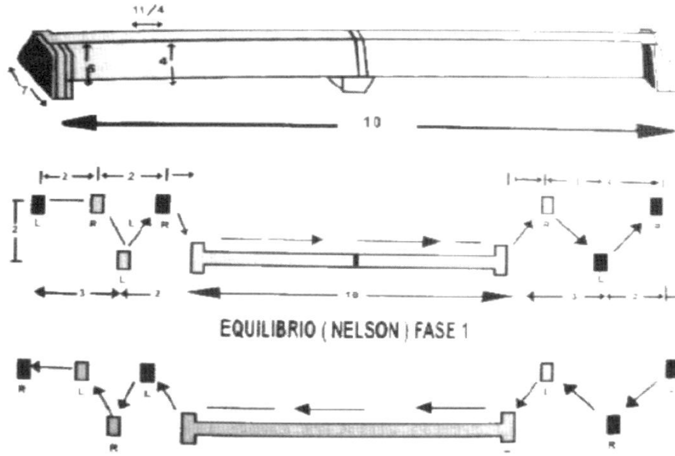

Fig. 17. Teste de equilíbrio de Johnson e Nelson (1979)

8.3. BATERIA DE TESTES DE EQUILÍBRIO

Apesar da grande variedade de testes de equilíbrio, Drowatzky e Zuccato (1967) observaram que existe uma baixa correlação entre os mesmos. Palmisciano (1994) também encontrou resultados parecidos em seus estudos, confirmando o fato de existirem vários aspectos diferentes nesses testes. Segundo ele, isso ocorre pelo fato das prestações de equilíbrio estarem determinadas por muitos fatores, entre os quais está a capacidade de equilíbrio (uma capacidade geral), a força específica, a tipologia emotiva e, especialmente, o tempo transcorrido entre a tarefa específica ou em tarefas similares, tanto assim que se podem identificar famílias de equilíbrio.

Bass (1939) primeiro e Fleishman (1965) depois destacaram a necessidade de recorrer a baterias de testes para se avaliar o equilíbrio. Nesse sentido, Palmisciano (1994) desenvolveu uma bateria composta por sete testes visando à avaliação dos diferentes tipos de equilíbrio:

Teste 1: Deslocamento sobre a barra de equilíbrio.

Material: Trave de equilíbrio baixa e cronômetro.

Descrição: A trave de equilíbrio deve ser colocada longe de paredes e/ou objetos, de fortes fontes luminosas, de barulhos e de outros fatores que possam interferir nos testes.

O indivíduo a ser testado deve se posicionar em uma das extremidades da trave, no chão, e após comando deve percorrer a trave com os braços abertos, parando na outra extremidade, e ainda sobre a trave deve elevar uma perna acima da altura do abdome, colocá-la de novo na trave e descer.

O cronômetro deve ser disparado assim que o indivíduo perder o contato do último pé do solo e parado quando o mesmo colocar os dois pés no solo do outro lado da trave, após descer da mesma em situação de equilíbrio. No caso de quedas, retornar e reiniciar no ponto onde tenha caído. Devem ser executadas duas provas.

Avaliação: divide-se 400 pelo tempo médio de ambas as provas em decimais. Como exemplo, se a primeira tentativa o tempo foi 5"7 e a segunda foi 5"9, o tempo médio será 5"8. Então pega-se 400 e divide-se por 58 = 6,89.

Instruções: Fornecer todas as explicações do teste para o sujeito e depois fazê-lo realizar uma passagem como ensaio.

Teste 2: Rolamentos

Material: Dois tapetes ou colchonetes baixos.

Descrição: O sujeito deve realizar um rolamento com ajuda das mãos, levantar e realizar outro rolamento sem ajuda das mãos, levantar e realizar mais dois rolamentos sem ajuda das mãos, terminando de pé, em situação de equilíbrio (Fig. 18).

Fig. 18. Teste de rolamentos

Instruções: Fornecer todas as explicações ao sujeito, fazê-lo realizar uma passagem como aquecimento.

Avaliação: Atribui-se 3,34 para o primeiro rolamento e 3,33 para os rolamentos seguintes executados corretamente. Se nenhum rolamento for executado corretamente, então o resultado do teste é zero.

Teste 3: Salto para baixo com giro

Material: Um aparato de 70 cm de altura, dois colchonetes de espuma, um rolo de fita adesiva.

Descrição do teste: Colocar um colchonete do lado do aparato, fazendo um círculo de 70 cm de raio com a fita adesiva de modo que o centro do círculo fique a 60 cm do aparato. Em seguida, marcam-se os setores circulares em cada 1/8 de círculo, colocando-se oito pedaços de fita adesiva ao redor dos mesmos sobre o tapete para dar referência da posição dos pés do sujeito no momento da queda. Colocar o outro tapete não usado perto do outro para aumentar a segurança durante o teste (Fig. 19).

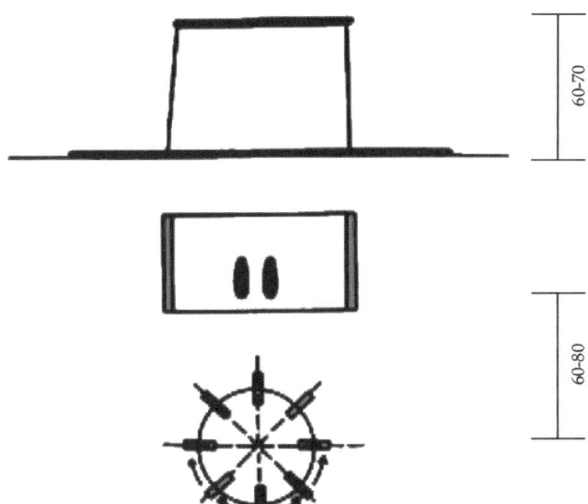

Fig. 19. Esquema do teste de salto para baixo com giro

O sujeito coloca-se sobre o aparato com os pés juntos, sem flexionar as pernas e sem mover os pés. Executar um salto para baixo, girando em torno de seu próprio eixo longitudinal o mais rápido possível, primeiro em um sentido e depois no outro. Devem ser realizadas uma execução não válida em cada sentido e duas execuções válidas para cada sentido.

O aplicador observará a posição dos pés na chegada ao solo para poder avaliar a prova em oitavas de volta. Se os pés não estiverem paralelos, deve-se considerar a posição do tronco. Em caso de chegada em posição precária de equilíbrio, a prova será anulada e o mesmo ocorrerá em caso de uso indevido dos pés e das pernas.

Avaliação: multiplicar-se-á a soma das duas execuções nos dois sentidos por 4,44. Por exemplo: 1ª execução do lado direito = 5/8, 2ª execução do lado direito = 4/8 mais 1ª execução do lado esquerdo = 7/8 e Segunda execução do lado esquerdo = 6/8 = 22/8 multiplicado por 4,44 = 12,21

Esse teste pode ser executado em uma modalidade mais difícil, colocando-se o centro do setor de quedas a 80 cm do aparato, sendo permitido mover os pés e semiflexionar as pernas. Entre ambas modalidades existe uma elevada correlação, entretanto é aconselhado usar a mais fácil para crianças e destreinados e a outra para os sujeitos mais atléticos.

Teste 4: Rolamento lateral deitado

Material: Um colchonete, um rolo de fita adesiva e um cronômetro.

Descrição: Com a fita, marcam-se uma linha a 9 metros e outra a 10 metros de uma parede livre de obstáculos. Coloca-se perto da parede um colchonete com o lado maior paralelo à parede.

O sujeito coloca-se deitado em decúbito dorsal sobre a linha de 9 metros e a um sinal roda em direção à parede, na direção do colchonete. Ao chegar ao colchonete, se levanta, toca na parede e corre para a linha a 10 metros. Cronometram-se duas provas, nas quais se rodam em ambos os sentidos. É aconselhável manter os braços estendidos acima da cabeça para que os cotovelos não batam no solo.

O testador deve observar a correta execução: saída após o sinal, toque na parede e chegada a linha dos 10 metros, cronometrando o tempo.

Avaliação: divide-se 700 pela soma em décimos dos segundos dos resultados das duas provas.

Concede-se uma prova não cronometrada como ensaio. Em caso de tontura, recomendar o sujeito a girar no sentido contrário daquele que tenha rodado anteriormente.

Os sujeitos menos dotados se desorientam ao rodar para a parede, rodando de forma oblíqua e/ou na fase seguinte da corrida, depois de rodar no sentido anti-horário, se verifica um desequilíbrio para a direita e vice-versa.

Teste 5: Parada de mão na vertical e com apoio nos joelhos

Material: 1 cronômetro

Descrição: O sujeito coloca-se de frente a uma parede e efetua uma parada de mão na vertical, primeiro apoiando na parede, e depois se afastando da mesma, até no máximo de 5 segundos, sendo permitida uma prova não cronometrada como treinamento.

Cronometra-se, a partir do momento em que o testando perde o contato com a parede até o momento em que o mesmo toque o solo ou a parede com qualquer parte do corpo.

Avaliação: não permanecer na vertical = 00 pontos; até 5/10 = 01 ponto; até 1" = 02 pontos; até 1" 5/10 = 03 pontos; até 2" = 04 pontos; até 2" 5/10; 05 pontos; até 03" = 06 pontos; até 3"5/10 = 07 pontos; até 4" = 08 pontos; até 4"5/10 = 09 pontos e até 5" = 10 pontos.

Os testes de equilíbrio são muitos específicos, especialmente os de equilíbrio estático. Em consequência, pode acontecer que um testando obtenha resultado ruim no teste de parada de mão na vertical, enquanto que no outro o resultado seja aceitável. Assim, para medir o equilíbrio estático, é necessário agregar outro teste, o teste de parada de mão com apoio dos joelhos.

Descrição: O sujeito coloca-se no solo apoiando-se pelas mãos enquanto que as pernas flexionadas se apóiam nos joelhos, tirando os pés do chão (Fig. 20).

Cronometra-se a partir da adoção da posição de dois apoios com as mãos, e com os pés fora do solo, até o momento em que outra parte do corpo toque o solo, em um tempo máximo de 30 segundos.

Avaliação: não tomar a posição = 00 pontos; até 04"= 01 ponto; até 08" = 02 pontos, até 20" = 05 pontos; até 24" = 06 pontos; até 28" = 09 pontos e se chegar a 30" = 10 pontos.

Fig. 20. Teste de parada de mãos com apoio dos joelhos

Teste 6: Equilíbrio sobre um pé.

Material: Um cronômetro e um metrônomo.

Descrição: O sujeito move a cabeça para a esquerda e para a direita no plano frontal, seguindo o ritmo de um metrônomo, regulado para "grave" e coloca-se sobre um pé, continuando o movimento da cabeça, disparando o cronômetro quando o pé perde o contato com o solo e travando o mesmo quando toca novamente no solo.

Avaliação: nenhum equilíbrio = 0 pontos; até 5/10 = 1 pontos; até 1" = 2 pontos, até 1" 5/10 = 3 pontos; até 2" = 4 pontos; até 2" 5/10 = 5 pontos, até 3"' = 6 pontos; até 3" 5/10 = 7 pontos; até 4" = 8 pontos; até 4" 5/10 = 9 pontos e até 5" = 10 pontos.

Teste 7: Equilíbrio rotatório

Material: Um cronômetro e um metrônomo

Descrição: O teste compreende a execução de 2 rotações sucessivas, para a direita e para a esquerda, a velocidade moderada (ritmo do metrônomo em grave), com os olhos fechados. Ao término da última rotação, o testando tenta manter o equilíbrio sobre um pé, com os olhos fechados, disparando-se o cronômetro quando o mesmo tirar o pé do solo e travando-o quando tocar novamente o pé no solo. O resultado do teste será o tempo médio de 03 tentativas, não se admitindo ficar sobre a ponta dos pés ou dar saltitos sobre a pena de parar o cronômetro.

Avaliação: nenhum equilíbrio = 0 pontos; até 1" = 01 ponto; até 2" = 02 pontos; até 4" = 03 pontos; até 6" = 04 pontos; até 8" = 05 pontos;

até 10" = 06 pontos; até 13" = 07 pontos; até 17" = 08 pontos; mais 17 e menor que 20" = 09 pontos e chegando a 20" = 10 pontos.

8.4. TESTES DE EQUILÍBRIO VOLTADOS PARA POPULAÇÕES ESPECIAIS

A avaliação da capacidade de equilíbrio também pode estar atrelada a um compêndio de testes visando à avaliação da capacidade psicomotora da população em geral ou até mesmo de populações especiais, como idosos e crianças. Lapierre (1978), respeitando os estudos de Seashore (1947), que descobriu a influência da idade na capacidade de equilíbrio ao aplicar o teste de caminhada na barra de equilíbrio em crianças de 5 a 11 anos de idade, desenvolveu uma bateria de teste de equilíbrio de acordo com a idade das crianças dentro de um complexo de testes para habilidade psicomotora:

8.4.1. Testes de equilíbrio voltados para crianças e adolescentes

Teste 1 – 2 anos

A criança deve permanecer imóvel por 10 segundos sobre um banco de 15 cm de altura, 15 x 28 de superfície, com os pés juntos e braços relaxados ao lado do corpo (Fig. 21). Ela terá três tentativas para a realização da tarefa, sendo considerado como falta a não permanência sobre o banco, deslocar os pés ou mover os braços.

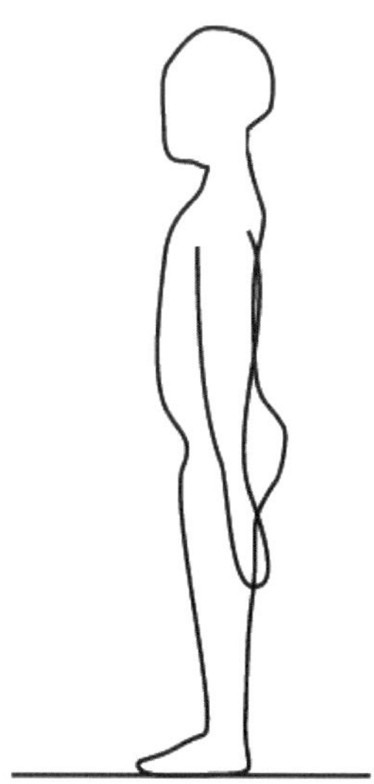

Fig. 21. Teste de permanência sobre o banco para criança de dois anos de idade

Teste 2 – 2 anos e meio

A criança deve manter-se sobre um pé com a outra perna flexionada por um instante, sendo o pé escolhido pela mesma (Fig. 22). Ela terá direito a duas tentativas e será considerado falha colocar o pé no solo muito rápido.

Fig. 22. Teste de permanência sobre um pé para criança de dois anos e meio de idade

Teste 3 – 3 anos

A criança, partindo da posição de pé, com os pés unidos e braços juntos ao corpo, deve colocar um joelho no chão, mantendo o tronco na vertical por 10 segundos (Fig. 23). Ela terá duas tentativas para realizar a tarefa em cada perna, sendo considerado como falha o deslocamento do pé ou joelho do chão ou sentar sobre os calcanhares.

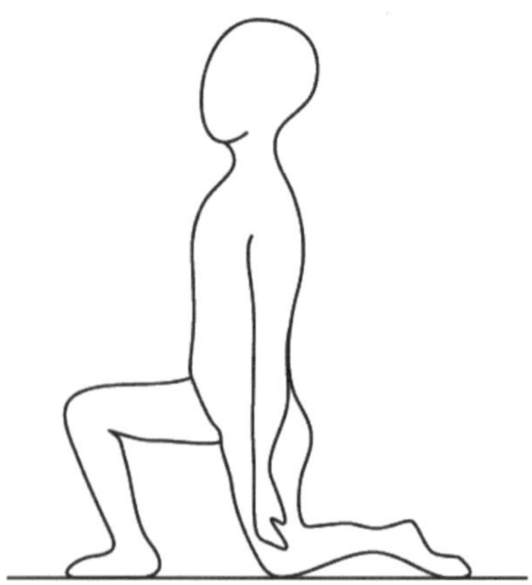

Fig. 23. Teste de permanência com o joelho no chão para criança de três anos de idade

Teste 4 – 4 anos

A criança, com os olhos abertos, pés juntos e mãos ao lado do quadril, deve flexionar o tronco em 90° e manter-se nesta posição por 10 segundos (Fig. 24). Ela terá duas tentativas para realizar a tarefa, sendo considerada como falha deslocar-se ou flexionar as pernas.

Fig. 24. Teste de permanência com tronco flexionado para criança de quatro anos de idade

Teste 5 – 5 anos

A criança, com os olhos abertos, braços ao lado do corpo e pés unidos, deve permanecer sobre as pontas dos pés por 10 segundos (Fig. 25). Ela terá três tentativas para realizar a tarefa, sendo considerada como falha qualquer deslocamento ou colocar o calcanhar no chão.

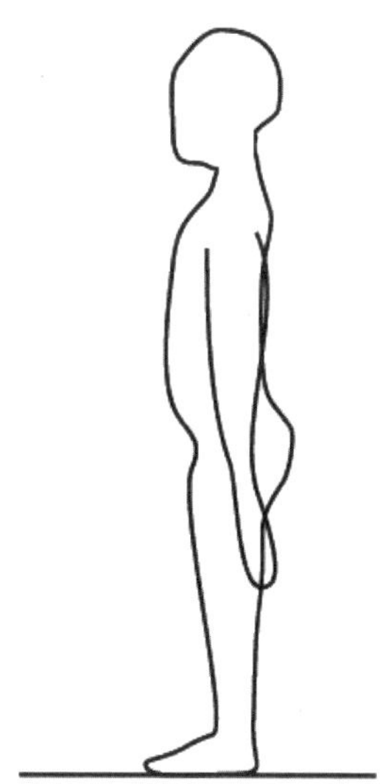

Fig. 25. Teste de permanência sobre a ponta dos pés para criança de cinco anos de idade

Teste 6 – 6 anos

A criança, com os olhos abertos, deve manter-se por 10 segundos sobre uma das pernas, estando a outra com os joelhos flexionados em um ângulo de 90° e os braços descontraídos ao lado do corpo (Fig. 26). Ela terá duas tentativas para realizar a tarefa, devendo depois de 30 segundos de descanso repetir a tarefa com a outra perna. Serão consideradas falhas baixar a perna mais de três vezes, tocar o pé no solo, saltar, elevar-se sobre a ponta do pé ou qualquer outro movimento.

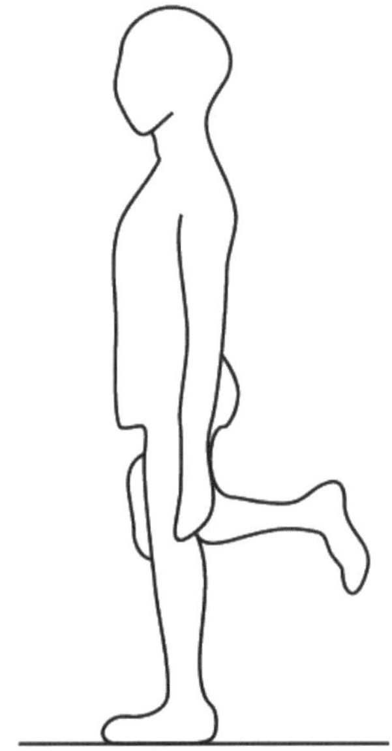

Fig. 26. Teste de permanência sobre uma perna para criança de seis anos de idade

Teste 7 – 7 anos

A criança deve permanecer por 10 segundos com os olhos fechados, quadril em abdução, joelhos flexionados, calcanhares unidos e os braços na horizontal (Fig. 27). Ela terá três tentativas para realizar a tarefa, sendo considerado falha baixar os braços por mais de três vezes, tocar o solo com qualquer parte do corpo além dos pés ou qualquer deslocamento.

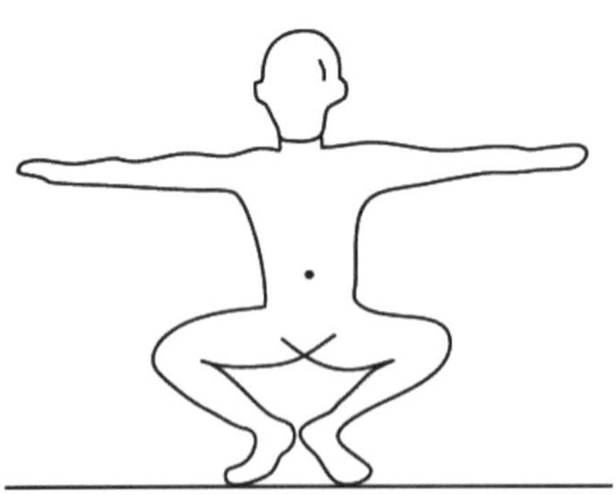

Fig. 27. Teste de permanência sobre a ponta dos pés agachado para criança de sete anos de idade

Teste 8 – 8 anos

A criança deve, com os olhos abertos, mãos ao lado do quadril, flexionar o tronco em 90° e subir sobre as pontas dos pés por 10 segundos (Fig. 28). Ela terá duas tentativas para realizar a tarefa, sendo considerado falha tocar o solo com os calcanhares, deslocar-se ou flexionar os joelhos três vezes.

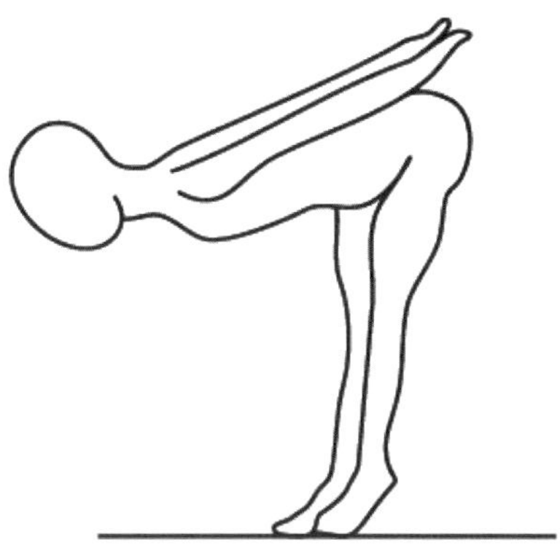

Fig. 28. Teste de permanência sobre a ponta dos pés com o tronco flexionado para criança de oito anos de idade

Teste 9 – 9 anos

A criança, com os olhos abertos, deve manter-se por quinze segundos sobre a perna esquerda, estando a outra flexionada com a planta do pé tocando a parte interna do joelho esquerdo e as mãos encostadas nas coxas (Fig. 29). Ela terá duas tentativas para realizar a tarefa, devendo, depois de 30 segundos de descanso, repetir o teste com a outra perna. Serão consideradas falhas deixar cair o pé, elevar-se sobre a ponta do pé ou qualquer tipo de desequilíbrio.

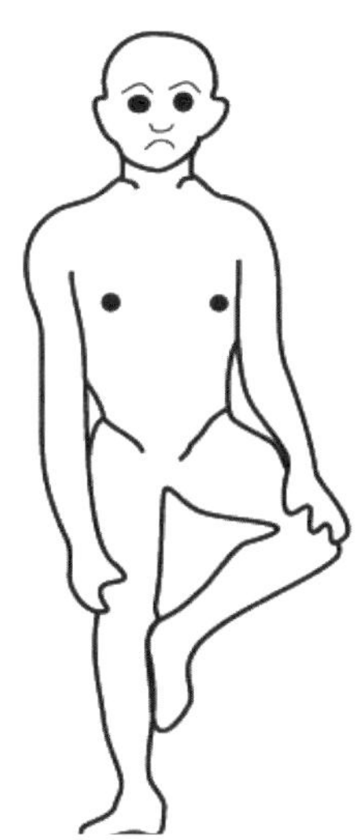

Fig. 29. Teste de permanência sobre um pé para crianças de nove anos de idade

Teste 10 – 10 anos

A criança deve permanecer, por 15 segundos, com os olhos fechados sobre as pontas dos pés, braços ao lado do corpo, pernas e pés unidos (Fig. 29). Ela terá três tentativas para realizar a tarefa, sendo considerado falha tocar o calcanhar no solo ou realizar qualquer tipo de deslocamento.

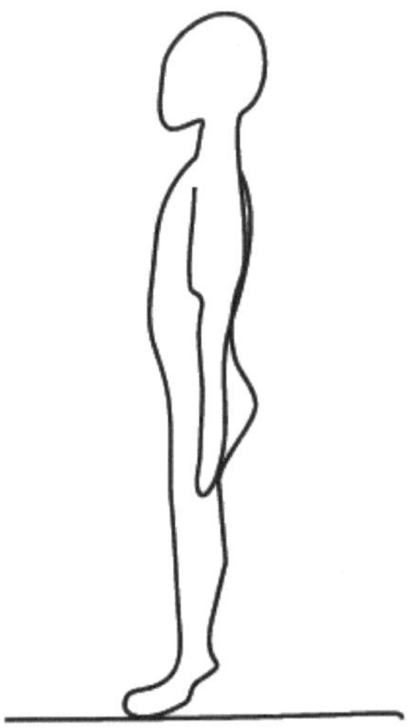

Fig. 30. Teste de permanência sobre a ponta dos pés com os olhos fechados para criança de dez anos de idade

Teste 11 – 11 anos

A criança deve, como os olhos fechados, manter-se por 10 segundos sobre uma das pernas, estando a outra com os joelhos flexionados em um ângulo de 90° e os braços descontraídos ao lado do corpo (Fig. 31). Ela terá duas tentativas para realizar a tarefa, devendo depois de 30 segundos de descanso repetir a tarefa com a outra perna. Serão consideradas falhas baixar a perna mais de três vezes, tocar o pé no solo, saltar, elevar-se sobre a ponta do pé ou qualquer outro movimento.

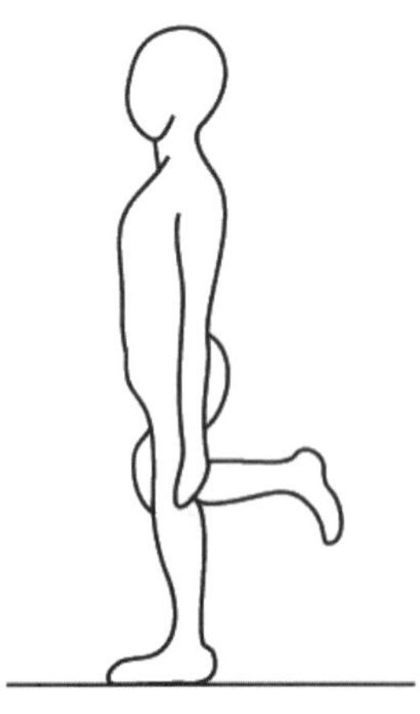

Fig. 31. Teste de permanência sobre uma perna com os olhos fechados para crianças de onze anos de idade

Teste 12 – 12 anos

A criança deve permanecer em pé por 15 segundos com os olhos fechados, braços ao lado do corpo, pés em linha um na frente do outro e calcanhar, tocando a ponta dos dedos (Fig. 32). Ela terá duas tentativas para realizar a tarefa, sendo considerada falha qualquer movimentação.

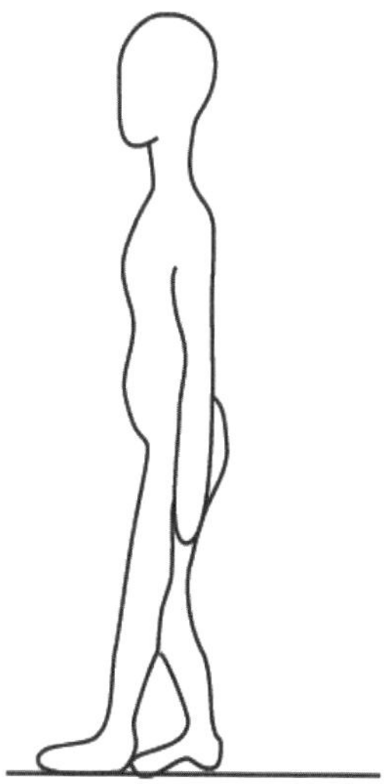

Fig. 32. Teste de permanência de pés em linha com os olhos fechados para crianças de doze anos de idade

Adolescente

O mesmo deve permanecer por 10 segundos com os olhos fechados, sobre uma das pernas com a planta do outro pé encostado na parte interna do joelho da perna de apoio e mãos encostadas na coxa (Fig. 33). O teste deve ser realizado com ambas as pernas após um intervalo de 30 segundos, sendo considerada falha deixar cair o pé, elevar-se sobre a ponta do pé, retirar a mão das coxas e qualquer tipo de deslocamento.

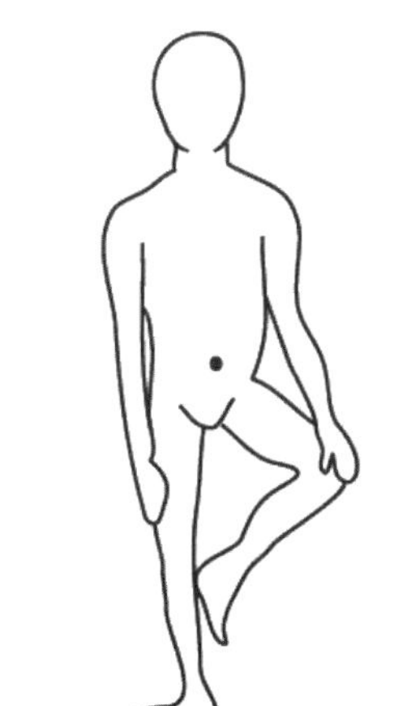

Fig. 33. Teste de permanência sobre uma perna com os olhos fechados para adolescente

8.4.2. Testes de equilíbrio voltados para idosos

8.4.2.1. Teste de equilíbrio estático para idosos de Willians e Greene (1990)

Para a aplicação do teste, o idoso deve ficar em pé com as mãos na cintura e com as palavras atenção – já, deve olhar um ponto fixo a uns dois metros e flexionar o joelho de uma das pernas em aproximadamente 90°, devendo permanecer nessa posição o máximo possível até atingir 30 segundos. O avaliador ficará ao lado do testando e deve disparar o cronômetro no comando de já, travando o mesmo quando o testando encostar o pé no solo ou atingir os 30 segundos. São permitidas tentativas iniciais para familiarização e identificação da melhor perna de apoio para a realização do teste. Devem ser realizadas três tentativas e calculadas a média dos tempos conseguidos pelo idoso (Fig. 34).

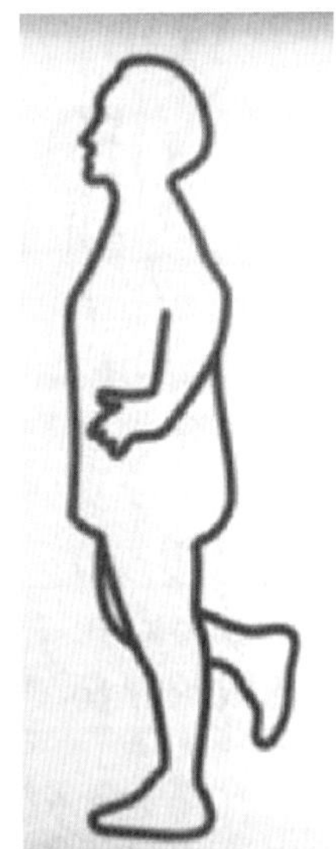

Fig. 34. Teste de equilíbrio estático para idosos

Matsudo (2000), com a finalidade de medir a capacidade de equilíbrio de idosos, aplicou o teste de equilíbrio estático de Willians e Greene (1990) em mulheres fisicamente independentes de São Caetano do Sul.

A Tabela 1 apresenta resultados do teste de equilíbrio estático de mulheres fisicamente independentes de São Caetano do Sul de acordo com a idade.

Tabela 1. Valores padrões de referência do equilíbrio estático (em segundos) de acordo com a idade cronológica, de mulheres fisicamente independentes de São Caetano do Sul

	50 – 59	60 - 69	70 - 79
X	21,6	16,9	9,0
S	9,9	9,5	7,3

Legenda: X: Média, S: Desvio Padrão.
Fonte: Matsudo (2000)

8.4.2.2. Teste de Tinneti

O protocolo de Tinneti é dividido em duas etapas de avaliações: a do equilíbrio estático e a do equilíbrio dinâmico, orientado para a marcha. Bastante usado para avaliar o equilíbrio e as anormalidades da marcha, o teste consiste de 16 itens, em que 9 são para o equilíbrio do corpo (Tabela 2) e 7 para o equilíbrio em marcha (Tabela 5). O teste classifica os aspectos da marcha como a velocidade, a distância do passo, a simetria e o equilíbrio em pé, o girar e também as mudanças de posição com os olhos fechados. A contagem para cada exercício varia de 0 a 1 ou de 0 a 2, com uma contagem mais baixa que indica uma habilidade física mais pobre. A pontuação total é a soma da pontuação do equilíbrio do corpo e da marcha. A pontuação máxima é de 28 pontos: 12 pontos para a marcha e 16 pontos para o equilíbrio do corpo (SHUMWAY-COOK, 1977).

Tabela 2. Teste de Equilíbrio estático de Tinneti

Tarefa	Pontuação	*Performance*	Pontos
Equilíbrio sentado	0	Inclinar-se ou deslizar da cadeira	
	1	Estável, seguro	
Levantar-se da cadeira	0	Incapaz sem ajuda	
	1	Capaz usando membros superiores	
	2	Capaz sem usar membros superiores	
Tentativas para se levantar	0	Incapaz de se levantar	
	1	Capaz com mais de uma tentativa	
	2	Capaz com uma tentativa	
Equilíbrio de pé imediato nos primeiros 5 segundos	0	Instável (cambaleia, move os pés ou tronco)	
	1	Estável, mas usa dispositivo de auxílio à marcha	
	2	Estável sem auxílio de dispositivo	

Equilíbrio de pé	0	Instável	
	1	Instável, mas aumenta a base de suporte (entre os calcanhares > 10 cm de afastamento) utiliza dispositivo de suporte	
	2	Diminuição da base sem auxílio de dispositivo	
Desequilíbrio no externo. Sujeito na posição de pé com os pés o mais próximo possível. O examinador o empurra suavemente na altura do esterno com a palma da mão, três vezes seguida.	0	Começa a cair	
	1	Cambaleia, se agarra e se segura em si mesmo	
	2	Estável	
Olhos fechados	0	Instável	
	1	Estável	
Girar 360^0	0	Instabilidade (se agarra, cambaleia)	
	1	Passos descontínuos	
	2	Estabilidade	
Sentar-se	0	Inseguro, não avalia bem a distância, cai na cadeira	
	1	Usa os braços ou não tem movimento suave	
	2	Movimento suave	
Resultado do teste de equilíbrio			

8.4.2.3. Escala de equilíbrio de Berg

A escala de equilíbrio de Berg tem uma pontuação máxima de 56 pontos a serem alcançados, possuindo cada item uma escala ordinal de 5 alternativas que variam de 0 a 4 pontos. O teste é simples, fácil de administrar e seguro para a avaliação de pacientes idosos. Ele somente requer um cronômetro e uma régua como equipamentos e a sua execução leva-se em torno de 15 minutos (BERG; MAKI; WILLIAMS, 1992).

Tabela 3. Escala de equilíbrio de Berg

Tarefa	**Pontuação**	***Performance***	**Pontos**
1) Posição sentada para em pé Instrução: Por favor, levante-se tentando não usar suas mãos para se apoiar	4	Capaz de levantar-se sem utilizar as mãos e se estabilizar independentemente	
	3	Capaz de se levantar independentemente utilizando as mãos	
	2	Capaz de se levantar utilizando as mãos depois de várias tentativas	
	1	Necessita de ajuda mínima para levantar-se ou estabilizar-se	
	0	Necessita de ajuda moderada ou máxima para levantar-se	
2) Permanecer em pé sem apoio Instrução: por favor, fique em pé por dois minutos sem se apoiar. Se o indivíduo for capaz de permanecer em pé por dois minutos, dê o total de pontos no item 3 e continue no item 4.	4	Capaz de permanecer em pé em segurança por dois minutos	
	3	Capaz de permanecer em pé por dois minutos com supervisão	
	2	Capaz de permanecer em pé por 30 seg sem apoio	
	1	Necessita de várias tentativas para permanecer em pé por mais de 30 segundos sem apoio	
	0	Incapaz de permanecer em pé por 30 segundos sem apoio	

3) Permanecer sentado sem apoio nas costas, com os pés no chão ou em um banquinho. Instrução: por favor, fique sentado sem apoiar as costas, com os braços cruzados, por dois minutos	4	Capaz de permanecer sentado com segurança ou com firmeza por dois minutos	
	3	Capaz de permanecer sentado por dois minutos sob supervisão	
	2	Capaz de permanecer sentado por 30 segundos	
	1	Capaz de permanecer sentado por 10 segundos	
	0	Incapaz de permanecer sentado por 10 segundos	
4) Posição em pé para sentada Instrução: Por favor, sente-se	4	Senta-se com segurança com uso mínimo das mãos	
	3	Controla a descida utilizando as mãos	
	2	Utiliza a parte posterior das coxas contra a cadeira para controlar a descida	
	1	Senta-se independentemente, mas sem controle da descida	
	0	Necessita de ajuda para sentar	
5) Transferência Instrução: arrume as cadeiras perpendicularmente ou uma de frente para outra para uma transferência em pivô.	4	Capaz de transferir-se com segurança com apoio mínimo das mãos	
	3	Capaz de transferir-se com segurança com uso das mãos	
	2	Capaz de transferir-se com orientações verbais ou sob supervisão	
	1	Necessita de uma pessoa para ajudar	

Peça ao indivíduo para transferir-se de uma cadeira com apoio dos braços para outra sem apoio dos braços e vice-versa.	0	Necessita de duas pessoas para ajudar ou supervisionar para realizar a tarefa com segurança	
6) Permanecer em pé sem apoio com os olhos fechados Instrução: por favor, fique em pé com os olhos fechados por 10 segundos	4	Capaz de permanecer em pé por 10 segundos com segurança	
	3	Capaz de permanecer em pé por 10 segundos sob supervisão	
	2	Capaz de permanecer em pé por 3 segundos com segurança	
	1	Incapaz de permanecer com os olhos fechados durante 3 segundos, mas mantém-se em pé	
	0	Necessita de ajuda para não cair	
7) Permanecer em pé sem apoio com os pés juntos Instrução: Junte seus pés e fique em pé sem se apoiar.	4	Capaz de posicionar os pés juntos independentemente e permanecer por 1 minuto com segurança	
	3	Capaz de posicionar os pés juntos independentemente e permanecer por 1 minuto com supervisão	
	2	Capaz de posicionar os pés juntos independentemente e permanecer por 30 segundos	

7) Permanecer em pé sem apoio com os pés juntos Instrução: Junte seus pés e fique em pé sem se apoiar.	1	Necessita de ajuda para posicionar-se, mas é capaz de permanecer com os pés juntos durante 15 segundos	
	0	Necessita de ajuda para posicionar-se e é incapaz de permanecer nessa posição por 15 segundos	
8) Alcançar a frente com o braço estendido permanecendo em pé Instrução: Levante o braço a 90°. Estique os dedos e tente alcançar a frente o mais longe possível.	4	Pode avançar a frente >25 cm com segurança	
	3	Pode avançar a frente >12,5 cm com segurança	
	2	Pode avançar a frente >5 cm com segurança	
	1	Pode avançar a frente, mas necessita de supervisão	
	0	Perde o equilíbrio na tentativa, ou necessita de apoio externo	
9) Pegar um objeto no chão a partir da posição de pé Instrução: por favor, pegue o objeto que está na frente de seus pés.	4	Capaz de pegar o chinelo ou sapato com facilidade e segurança	
	3	Capaz de pegar o chinelo ou sapato, mas necessita de supervisão	
	2	Incapaz de pegá-lo, mas se estica até ficar a 2-5 cm do chinelo e mantém o equilíbrio de forma independente	
	1	Incapaz de pegar o objeto, necessitando de supervisão enquanto está tentando	
	0	Incapaz de fazer ou necessita de ajuda para não perder o equilíbrio ou cair	

10) Virar-se e olhar para trás por cima dos ombros direito e esquerdo enquanto permanece em pé Instrução: Vire-se para olhar diretamente atrás de você por cima do seu ombro esquerdo sem tirar os pés do chão. Faça o mesmo por cima do ombro direito.	4	Olha para trás de ambos os lados com uma boa distribuição do peso	
	3	Olha para trás somente de um lado, o lado contrário demonstra menor distribuição do peso	
	2	Vira somente para os lados, mas mantém o equilíbrio	
	1	Necessita de supervisão para virar	
	0	Necessita de ajuda para não perder o equilíbrio ou cair	
11) Girar 360 graus Instrução: Gire-se completamente ao redor de si mesmo. Pausa. Gire-se completamente ao redor de si mesmo em sentido contrário.	4	Capaz de girar 360 graus com segurança em 4 segundos ou menos	
	3	Capaz de girar 360 graus com segurança somente para um lado em 4 segundos ou menos	
	2	Capaz de girar 360 graus com segurança, mas lentamente	
	1	Necessita de supervisão próxima ou orientações verbais	
	0	Necessita de ajuda enquanto gira	
12) Posicionar os pés alternadamente no degrau ou banquinho enquanto permanece em	4	Capaz de permanecer em pé, independentemente, e com segurança, completando 8 movimentos em 20 segundos	

pé sem apoio Instrução: Toque cada pé alternadamente no degrau/banquinho. Continue até que cada pé tenha tocado o degrau/banquinho quatro vezes.	3	Capaz de permanecer em pé, independentemente, e completar 8 movimentos em >20 segundos	
	2	Capaz de completar 4 movimentos sem ajuda	
	1	Capaz de completar >2 movimentos com o mínimo de ajuda	
	0	Incapaz de tentar, ou necessita de ajuda para não cair	
13) Permanecer em pé sem apoio com um pé à frente Instrução: Coloque um pé diretamente à frente do outro na mesma linha, se você achar que não irá conseguir, coloque o pé um pouco mais à frente do outro pé e levemente para o lado.	4	Capaz de colocar um pé imediatamente à frente do outro, independentemente, e permanecer por 30 segundos	
	3	Capaz de colocar um pé um pouco mais à frente do outro e levemente para o lado, independentemente, e permanecer por 30 segundos	
	2	Capaz de dar um pequeno passo, independentemente, e permanecer por 30 segundos	
	1	Necessita de ajuda para dar o passo, porém permanece por 15 segundos	
	0	Perde o equilíbrio ao tentar dar um passo ou ficar de pé	
14) Permanecer em pé sobre uma perna Instrução: Fique em pé sobre uma	4	Capaz de levantar uma perna, independentemente, e permanecer por >10 segundos	

perna o máximo que você puder sem se segurar.	3	Capaz de levantar uma perna, independentemente, e permanecer por 5-10 segundos	
	2	Capaz de levantar uma perna, independentemente, e permanecer por ≥ 3 segundos	
	1	Tenta levantar uma perna, mas é incapaz de permanecer por 3 segundos, embora permaneça em pé independentemente	
	0	Incapaz de tentar ou necessita de ajuda para não cair	
Resultado: ________ / 56 pontos.			

8.4.2.4. Teste de equilíbrio dinâmico para idosos

Teste de velocidade máxima de andar

Para a avaliação da capacidade de equilíbrio dinâmico pode-se usar, segundo Matsudo (2000), o teste de velocidade máxima de andar da bateria de teste de Willians e Greene (1990), descrito a seguir.

Para se realizar o teste, deve ser demarcada no chão uma área com uma largura de 33,3 centímetros e comprimento de 3,33 metros. O avaliado deve ser orientado a permanecer em pé, do lado externo da borda, com os pés juntos e olhando para frente. O avaliador, com um cronômetro, deve permanecer na metade do percurso, orientando o avaliado com o comando de "atenção – já". Este, sem perda de tempo, deve percorrer o trajeto demarcado no chão andando na máxima velocidade. Devem ser realizadas três tentativas e calculada a média com valor final em segundos e centésimos de segundo (Fig. 35).

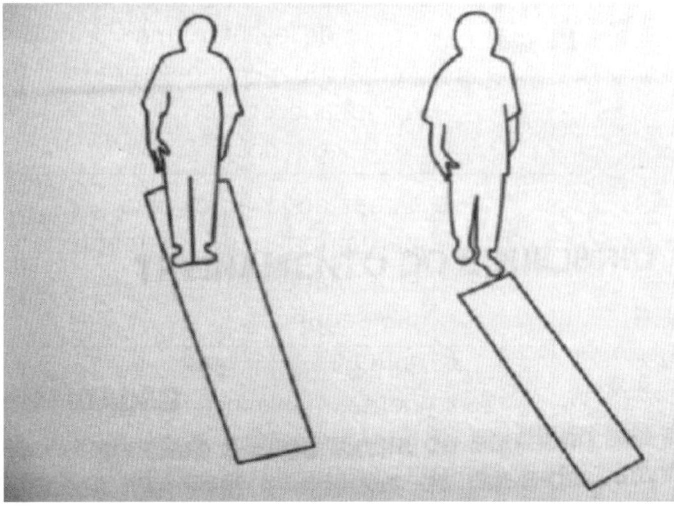

Fig. 35. Teste de velocidade máxima de andar

A Tabela 4 apresenta resultados do teste de velocidade máxima de andar para a avaliação da capacidade de equilíbrio dinâmico de mulheres fisicamente independentes de São Caetano do Sul de acordo com a idade.

Tabela 4. Valores padrões de referência da velocidade máxima de andar (em segundos) de acordo com a idade cronológica de mulheres fisicamente independentes de São Caetano do Sul

	50 – 59	60 – 69	70 – 79
X	2,34	2,49	2,65
S	0,4	0,4	0,3

Legenda: X: Média, S: Desvio Padrão
Fonte: Matsudo (2000)

8.4.2.5. Teste de marcha de Tinneti

O teste de marcha de Tinneti consiste em um teste de equilíbrio dinâmico em que o avaliado deve se colocar ao lado do avaliador, de pé, e se deslocar primeiro em ritmo usual e depois mais rápido, em segurança, com ou sem os dispositivos de auxílio a mesma. O avaliador observa o avaliado e atribui ao mesmo a pontuação conforme a Tabela 5.

Tabela 5. Teste de marcha de Tinneti

Tarefa	Pontuação	*Performance*	Pontos
Início da marcha	0	Imediato e após o comando de vai (qualquer hesitação ou múltiplas tentativas para começar)	
	1	Sem hesitação	
Comprimento e altura do passo	a)	Perna D em balanceio	
	0	Não passa a perna E	
	1	Passa a perna E	
	0	Pé D não afasta completamente do solo	
	1	Pé D se afasta do solo	
	b)	Perna E em balanceio	
	0	Não passa a perna D	
	1	Passa a perna D	
	0	Pé E não afasta completamente do solo	
	1	Pé E se afasta do solo	
Simetria do passo	0	Perna D e E desiguais	
	1	Perna D e E parecem iguais	
Continuidade dos passos	0	Parada ou descontinuidade dos passos	
	1	Passos parecem contínuos	
Desvio da linha reta (distância aproximadamente de 3 m x 30 cm)	0	Desvio da marcha	
	1	Desvio leve ou moderado ou usa dispositivo de auxílio à marcha	
	2	Caminha em linha reta sem dispositivo de auxílio	

Tronco	0	Oscilação marcado ou usa dispositivo de auxílio à marcha	
	1	Sem oscilação, mas com flexão de joelhos ou dor lombar, ou afasta os braços enquanto anda	
	2	Sem oscilação, sem flexão dos joelhos, sem uso dos braços ou dispositivos de auxílio à marcha	
Base de apoio	0	Calcanhares afastados	
	1	Calcanhares quase se tocando durante a marcha	
Resultado do teste de marcha			

8.4.2.6. Teste de timed up and go

O indivíduo deve fica sentado em uma cadeira normal (45 cm de altura) com suas costas encostadas à cadeira. Após o comando de "já", o mesmo deve levantar-se e andar tão rapidamente e com segurança, quanto possível, por 3 m em uma linha reta marcada no chão e retornar à cadeira, sentando-se como na posição inicial (Fig. 36).

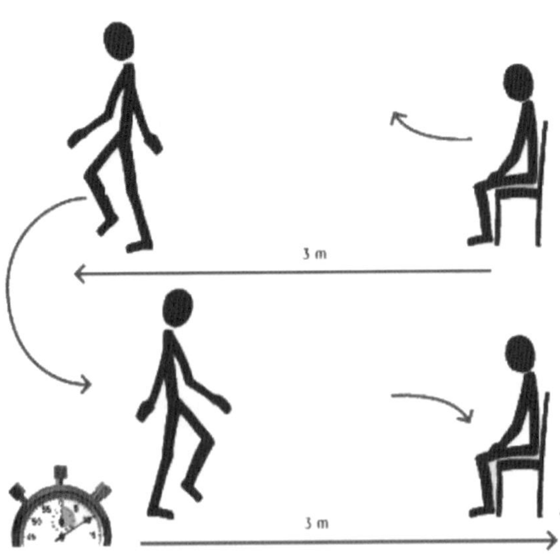

Fig. 36. Teste de *timed up and go*

8.5. ESTABILOMETRIA

O controle da postura de pé depende de informações sensório-motoras, como base para a representação interna do corpo pelo sistema nervoso central que, por meio de estratégias adequadas, assegura a estabilidade do sistema (SHUMWAY-COOK; WOOLLACOTT, 1995). Segundo Guyton (1997), as correções do eixo do corpo pelos mecanismos de controle postural, suscitadas como consequência da própria dinâmica do organismo vivo, conferem ao corpo humano pequenas e constantes oscilações quando de pé, com importante papel na distribuição da pressão nas plantas dos pés e na eficiência do retorno venoso.

Oliveira (1996) relata que a estabilometria é uma técnica de avaliação do equilíbrio na postura ortostática, que consiste na quantificação das oscilações ântero-posteriores e laterais do corpo, enquanto o indivíduo permanece de pé sobre uma plataforma de força. Uma vez que o deslocamento do Centro de Pressão (CP) é representativo das oscilações posturais, o registro é feito pelo cálculo instantâneo da sua posição (coordenadas x, y), que corresponde à localização da resultante das forças aplicadas na superfície em contato com os pés, que consiste na base de apoio. O processamento do sinal é geralmente aplicado aos domínios do tempo e da frequência e, como ainda não está estabelecido um protocolo para o teste estabilométrico, são utilizadas metodologias diferentes, inclusive no tocante ao tempo de teste e a base de apoio. Normalmente, são adotados períodos de curta duração, em torno de 30 segundos (WOOLEY *et al.*, 1993).

Conforme Carpenter *et al.* (2001) e Mello *et al.* (2002), um período de 60 segundos é recomendado para assegurar a estacionariedade do sinal estabilométrico. Chiari, Rocchi e Cappello (2002) destacam que a base de apoio é uma variável que, quando controlada, não exerce influência nos parâmetros do sinal.

Testes estabilométricos, por períodos prolongados, são menos frequentes. Entretanto, Duarte, Harvey e Zatsiorsky (2000) utilizaram testes de 30 minutos em postura irrestrita, o que significava que os indivíduos poderiam se mover livremente sobre a plataforma, objetivando identificar padrões específicos de deslocamento do CP, como estratégia do controle postural para possibilitar a manutenção desta postura por um período prolongado. Já Imbiriba *et al.* (2002) realizaram testes estabilométricos de 31 minutos, em postura restrita, em que os indivíduos permaneciam na mesma postura de pé sobre uma plataforma de força e a cada intervalo de 5 minutos relatavam o grau de desconforto através de uma escala subjetiva. A partir de aproximadamente 15 minutos, encontraram diferenças significativas para o deslocamento lateral do CP quando comparadas com um outro grupo que era submetido a períodos de repouso durante o exame. A permanência da postura prolongada de pé sem descanso manifestou ser uma atividade que leva a um grande desconforto nos indivíduos, fato que conforme os autores, foi atribuído ao processo de fadiga.

Diversas tarefas do cotidiano solicitam a postura ortostática como orientação postural comum, sobretudo em situações de longas filas de espera, nas formaturas militares ou em trabalhos de vigilâncias. Alterações fisiológicas provocadas por tarefas dessa natureza, relacionadas à permanência do indivíduo na posição de pé, por um longo período, são derivadas das forças gravitacionais que afetam, profundamente, o débito cardíaco (BERNE; LEVY, 1993). Sendo assim, pode-se esperar que indivíduos, com adaptações fisiológicas decorrentes de um desenvolvido condicionamento cardiovascular e muscular, estejam mais aptos para superar essas alterações.

Não são encontrados relatos, na literatura, que evidenciem os efeitos do condicionamento físico no deslocamento do CP em testes estabilométricos de longa duração. Desse modo, é desconhecido o comportamento das oscilações posturais em face das adaptações fisiológicas impostas pelo treinamento físico, durante o processo induzido de fadiga pela postura prolongada de pé.

São escassos, na literatura, trabalhos que confrontem o condicionamento físico com parâmetros estabilométricos, sobretudo em testes de longa duração. Simmons (2005) verificou que bailarinos apresentam menor latência de resposta às perturbações do equilíbrio, refletindo um controle mais refinado das oscilações posturais pelo treinamento físico. Porém, vários autores parecem concordar com o tempo de aproximadamente 15 a 20 minutos, em relação ao aparecimento dos sinais de desconforto e das alterações no deslocamento do CP para indivíduos saudáveis, porém, não atletas.

Gandra *et al.* (2002) verificaram um comportamento semelhante do sinal estabilométrico em um grupo de indivíduos jovens, cuja tendência correspondeu ao aumento da área elíptica e da velocidade média de deslocamento ao longo do tempo, demonstrando que a privação da informação visual enfatizou essa diferença, iniciada no décimo minuto de teste. Imbiriba *et al.* (2002) também observaram uma relação entre o deslocamento lateral e a sensação de desconforto, quando compararam resultados de indivíduos que permaneceram, continuamente de pé sobre a plataforma, com os de outros que repousaram durante o teste, a partir do décimo quinto minuto. Jacob (1998) relata que esse tempo pode estar relacionado às alterações fisiológicas envolvidas na manutenção da postura ortostática, devido à influência das forças gravitacionais no débito cardíaco. Conforme Guyton (1997), cerca de 15% a 20% do volume sanguíneo podem ser perdidos pelo sistema circulatório durante 15 minutos de postura ereta, estática, como, por exemplo, quando um soldado permanece na posição de sentido.

A plataforma de força marca lizard[R] da Studio Essential (Figura 37) medindo 46 x 75 cm e um *softhwerer lizard* 4.0 (Itália), autocalibrados antes de cada avaliação, é um tipo de equipamento estabilométrico. Os dados são captados por computador via *blue tooth,* numa frequência de 1.4 GHz, podendo adotar uma variedade de protocolos para medição da velocidade e amplitude de oscilação do centro de gravidade nos sentidos anteroposterior e látero-medial.

Fig. 37. Plataforma de força marca lizard[R] da *Studio Essential*

Um exemplo de protocolo, usando a plataforma de força lizard[R] da *Studio Essential*, foi aplicado por Reis (2011) em que os indivíduos subiram na plataforma de força descalços, após permanecerem em repouso sentados por cinco minutos, posicionando os pés nas marcas da mesma (Fig. 38) (TECCO, 2005). Após isso, o avaliador pedia para que o mesmo olhasse para uma parede branca, dois metros à frente, com o olhar na horizontal, permanecesse com a boca fechada, sem contrações, engolisse três vezes a saliva e ficasse imóvel durante 51,2 segundos, após o comando de "vai" até o comando de "relaxar" do avaliador.

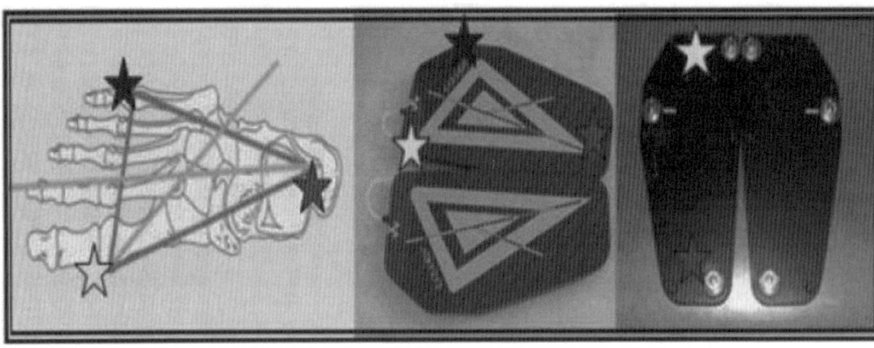

Fig. 38. Posições dos pés na Plataforma de força lizard[R]

9

TREINAMENTO DO EQUILÍBRIO CORPORAL

9.1. GENERALIDADES

Embora seja clara a necessidade de uma boa capacidade de equilíbrio corporal nas diversas formas de atividades motoras: atividades do dia a dia, atividades laborais, atividades recreativas e principalmente nas atividades desportivas, percebe-se que em um contexto geral, essa qualidade física não vem sendo privilegiada nas aulas de educação física escolar ou no âmbito do treinamento desportivo.

Pode-se observar que, de certa forma, a literatura brasileira referente aos aspectos voltados ao treinamento do equilíbrio ressente-se de uma fundamentação didático-pedagógica que possa alicerçar a prática dos profissionais que militam nessa área.

O treinamento do equilíbrio deve ser sistematizado e incluído nos currículos escolares e no plano geral de treinamento desportivo, devendo ser trabalhado em seções específicas, em uma zona acima do limiar de adaptação, a fim de proporcionar o desenvolvimento necessário capaz de atender às exigências motoras do dia a dia do homem, bem como às exigências desportivas.

Hugel *et al.* (1999) destacam que habilidades específicas de equilíbrio não podem ser adquiridas nas atividades de vida diárias comuns ao homem, e sim com treinamento específico para esse fim.

9.2. TÉCNICAS DE TREINAMENTO

Existem vários métodos que podem se integrar em um projeto educativo de forma aberta, propondo situações de estímulos diversificados, com características de continuidade, capazes de garantir a automatização e a aprendizagem dos esquemas relacionados à sensação de equilíbrio do corpo, causando ou não estresse físico. Para isso é necessário um número relativamente elevado de exercícios ricos e variados. Palmisciano (1994) destaca que as técnicas de treinamento de equilíbrio baseiam-se:

a) Na variação de execução de movimento (posições iniciais e finais, direção, lado de execução, velocidade, amplitude, força, adição de movimentos suplementares, duração de execução e exercícios simétricos de ambos os lados);

b) Nas condições de apoio, aparato e iluminação;

c) Na combinação da habilidade motora;

d) Na prática em velocidades elevadas;

e) Na variação da recepção das informações (limitação da visão, interferências vestibulares ou cinéticas, etc.);

f) Na execução em ritmo apurado ou com grandes características rítmicas;

g) Na prática, após um treinamento (físico ou vestibular);

h) Na execução em condições de estresse psicológico (na presença de pessoas estranhas ou avaliadores);

i) Na prática, quando os fatores de treinamento se combinam;

9.3. CARACTERÍSTICAS DOS EXERCÍCIOS DE EQUILÍBRIO

Os exercícios devem ser complexos no que se refere ao sistema nervoso e coordenativo, necessitando de uma grande capacidade de atenção em sua execução. Não devem produzir muitos desgastes no que se refere à fadiga, deve ser de característica mais localizada do que geral, pois isso influencia negativamente o estado de equilíbrio do corpo. Assim, os exercícios devem ser executados na fase inicial de uma sessão de treinamento, após um breve aquecimento, sendo aconselhável intercalar momentos de repouso e atividades lúdicas durante as sessões.

Existem afirmações de que os exercícios de equilíbrio são de características individuais. Entretanto, é possível destacar muitas experiências de equilíbrio desenvolvidas em grupo, como as acrobacias em grupo (pirâmide humana), nas quais se estimulam os aspectos de cooperação, ajuda e assistência.

9.4. EQUIPAMENTOS E ESTRATÉGIAS DE TREINAMENTO DE EQUILÍBRIO

São poucos os estudos que investigam a capacidade de melhora da CEC com o treinamento. Entretanto, pode-se perceber que essa qualidade física é bastante sensível, podendo ser melhorada em pessoas que já apresentam bom nível de condição física, por meio de métodos distintos de trabalho, específicos ou não. Os estudos de Aveiro *et al.* (2004) observaram melhoras do equilíbrio em idosas osteoporóticas, através de atividades de reforço muscular e locomoção. Silva, Ribeiro e Rabelo (2008) observaram melhoras no equilíbrio de deficientes visuais através da dança. Souza e Silva (2006) que observaram melhoras no equilíbrio de gerontes através de treinamento mental. Todas são provas da sensibilidade do equilíbrio ao treinamento por meio de atividades físicas de características gerais. Tem sido encontrado na literatura estudos mostrando que vários equipamentos e estratégias podem ser usados para o aprimoramento da capacidade de equilíbrio corporal, tais como: *tai chi chuam* (LOW; ANG; CHEW, 2009), plataformas instáveis (YAGGIE; CAMPBEL, 2006), trocas de base de suporte (NNODIM; STRASBURG; NABOZNY, 2006), T-bow (HUGENER; REIDT, 2009), hidroterapia (BRUNI; GRANADO; PRADO, 2008), deslocamentos com caneleiras (DIAS, *et al.*, 2009), *yuanji dance* (WU, *et al.*, 2010), pilates (RODRIGUES, *et al.*, 2010), natação (RONDINI, 2011) e treinamento funcional (LEAL, *et al.*, 2009). Segundo Medrano *et al.* (2009), esses métodos são efetivos porque estimulam fisiologicamente os sistemas visual, vestibular, somatossensorial e o musculoesquelético, envolvidos especificamente na CEC. Entretanto, ainda são poucos os estudos que verifiquem o efeito da atividade física no equilíbrio corporal, utilizando-se como metodologia de avaliação a plataforma de força (WU, et al., 2010), que é o equipamento gold stand para a medição dessa valência física.

Um fator importante a destacar foi a melhora do equilíbrio com oito sessões de treinamento, duas vezes por semana, mostrando que essa valência pode ser aprimorada em curto espaço de treinamento (REIS, 2011). Os estudos de Medrano *et al.* (2009) e Hugener e Reidt (2009) com duas sessões de treinamento por semana, Garcia[1] *et al.* (2009) Barros, Bittar e Bottino (2007) com total de oito sessões de treinamento, são provas da melhora rápida na capacidade de equilíbrio. Howe *et al.* (2007) relatam que a capacidade de equilíbrio é uma habilidade que se pode aprimorar em pouco tempo de treinamento. Hinman (2002) relata que é possível mensurar melhoras na capacidade de equilíbrio após quatro semanas de treinamento específico. Entretanto, Mann *et al.* (2008), em uma revisão de literatura sobre o assunto, observaram que somente através da avaliação objetiva (estabilometria) pode-se detectar melhoras do equilíbrio corporal com média de 12 sessões de treinamento.

Existem vários equipamentos que podem proporcionar melhor qualidade e quantidade de estímulos capazes de dinamizar o processo de desenvolvimento da CEC. Talvez o melhor deles seja a cama elástica (CE), equipamento que faz parte da ginástica de trampolim, hoje constituindo uma modalidade olímpica. Pela oportunidade de proporcionar ao corpo uma grande instabilidade em qualquer postura, a CE vem sendo utilizada atualmente para melhorar a CEC de atletas em alguns esportes, bem como no trabalho de fisioterapia para melhorar a propriocepção de indivíduos lesionados.

9.4.1. Treinamento na CE

Como exemplo de treinamento na CE, pode-se apresentar um método de trabalho usado na dissertação de mestrado "voleibol – treinamento da cortada e do bloqueio na CE" em que foi, cientificamente, comprovada a melhoria na CEC estático e dinâmico (Reis, 2001).

O treinamento foi desenvolvido na rotina de duas vezes por semana, 90 minutos ao dia, durante dois meses, em que cada aluno realizou seis passagens de dois minutos na CE, dividida em duas fases: a. Fase de adaptação à CE, incluindo medidas de segurança e exercícios de adaptação; b. Fase de desenvolvimento de habilidades motoras gerais; c. Fase de desenvolvimento de habilidades motoras específicas ao voleibol.

Antes do início do treinamento eram realizados exercícios de alongamento geral e a primeira passagem na CE era livre para aquecimento. O treinamento foi realizado em duas CE, onde em uma o aluno recebia instruções e na outra ele treinava livremente os exercícios ensinados em cada fase.

9.4.1.1. Fase de adaptação à CE

Uma semana para adaptação à cama elástica, onde foram enfatizadas todas as medidas de seguranças referentes à prática da CE, sendo as seguintes:

> – Usar meias ao saltar. A CE tem sua tela geralmente trançada em forma de quadrados, alternando, tela e espaço vazio (orifícios). A introdução de um ou mais dedos durante os saltos na tela pode causar lesões ou a queda do atleta.

– Pular paralelamente ao comprimento da CE. A distensão das molas da CE tende a jogar o saltador para as laterais, sendo necessário adotar esta medida para anular esse efeito.

– Não usar as mãos para se apoiar nas quedas. Constitui uma defesa natural da pessoa usar as mãos para se apoiar nas quedas; no entanto, na CE, isso não pode ser feito, pois a pressão de retorno da tela recairá totalmente sobre o braço do saltador, podendo causar sérias lesões.

– Pular sozinho. Quando pulam duas pessoas na CE, um saltador cairá sobre a tela no momento em que a mesma estiver jogando o outro para cima. Isso causará um impacto, podendo jogá-lo para fora da mesma.

– Não permanecer sobre as laterais da CE quando alguém estiver pulando. Se acontecer qualquer problema de queda, o saltador cairá sobre a pessoa que está nas laterais causando riscos às duas.

– Ficar atento, em condições de aparar o saltador, quando estiver próximo a CE. Colocar-se de frente para a CE, com as mãos sobre as bordas da mesma, em condições de empurrar o saltador para a tela em caso de desequilíbrio deste.

Exercícios de Adaptação à CE:

– Andar. Andar naturalmente sobre a CE, percebendo o balanço da tela, a distensão das molas e a textura do tecido da tela.

– Correr. Realizar uma corrida meio estacionária, com bastante velocidade de membros inferiores (MMII) e pouco deslocamento sobre as laterais da tela.

– Sentar. Sentar na CE, mantendo um ângulo de 90° na flexão do quadril, braços estendidos ao lado do corpo, mãos espalmadas com os dedos voltados para frente tocando a rede, pernas estendidas e pés unidos em máxima flexão plantar. Realizar pequenos balanceios procurando manter a posição original.

– Deitar. Deitar em decúbito dorsal, costas relaxadas, MMII e membros superiores (MMSS) em ângulo de 45° de flexão, realizar pequenos balanceios procurando manter a posição inicial.

– Saltar. Realizar os saltos de preparação para os exercícios seguintes na cama elástica, caindo sobre a tela com os pés abertos na largura dos ombros e MMSS soltos ao lado do corpo. Quando a tela retornar de sua extensão, acontecerá a suspensão do corpo, em que, no ponto mais alto do salto, o atleta deve estar com os MMSS estendidos para cima, palmas das mãos voltadas para à frente e pés unidos em flexão plantar máxima (Fig. 39).

Fig. 39. Salto esticado

9.4.1.2. Fase de desenvolvimento de habilidades motoras gerais

Três semanas para aprendizagem dos movimentos básicos de competição na CE, nível 1 do Programa de Trampolim Acrobático da Federação de Trampolim Acrobático do Estado do Rio de Janeiro. Usada com a finalidade de desenvolvimento das habilidades motoras equilíbrio, percepção cinestésica, ritmo, percepção espaço temporal e coordenação motora; exercícios que darão suporte para o treinamento da fase seguinte:

– Salto grupado. Saltar e flexionar totalmente as coxas e pernas, abraçando-as e segurando-as pela tíbia, mantendo o tronco ereto (Fig. 40).

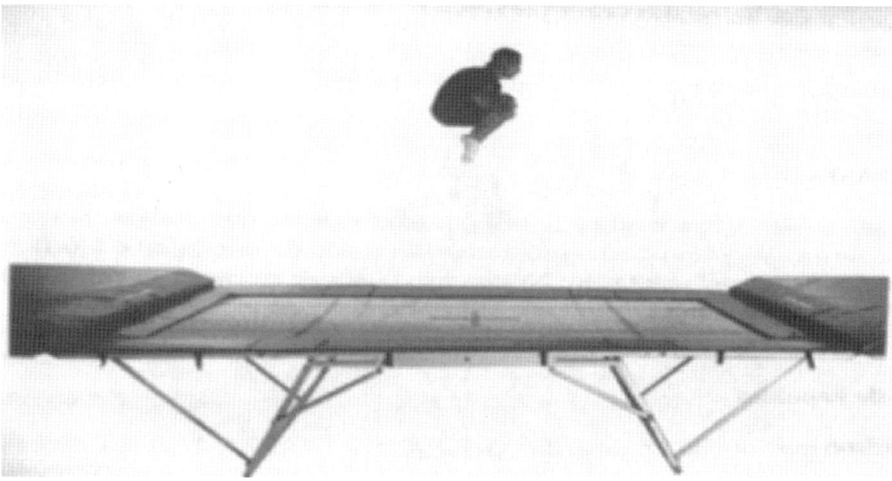

Fig. 40. Salto grupado

– Salto aberto. Saltar e abrir os MMII ao máximo com os quadris fletidos, buscando alcançar os pés com as mãos, mantendo o tronco ereto (Fig. 41).

Fig. 41. Salto aberto

– Salto carpado. Saltar e flexionar as coxas tentando alcançar os pés com as mãos, mantendo as pernas estendidas e o tronco ereto (Fig. 42).

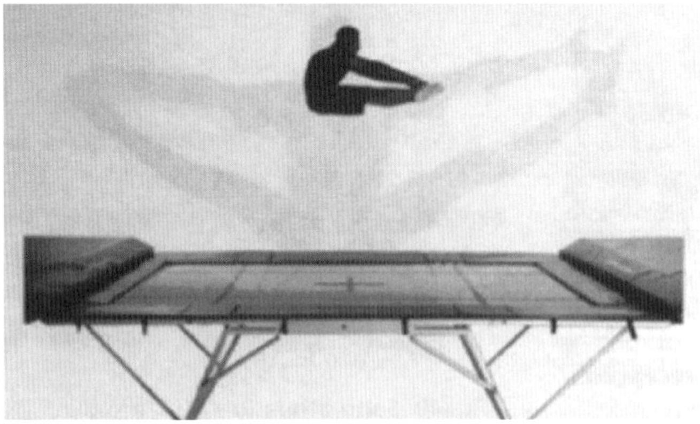

Fig. 42. Salto carpado

– Saltos pirueta. Saltar girando sobre seu eixo longitudinal em 180° e depois 360° (Fig. 43).

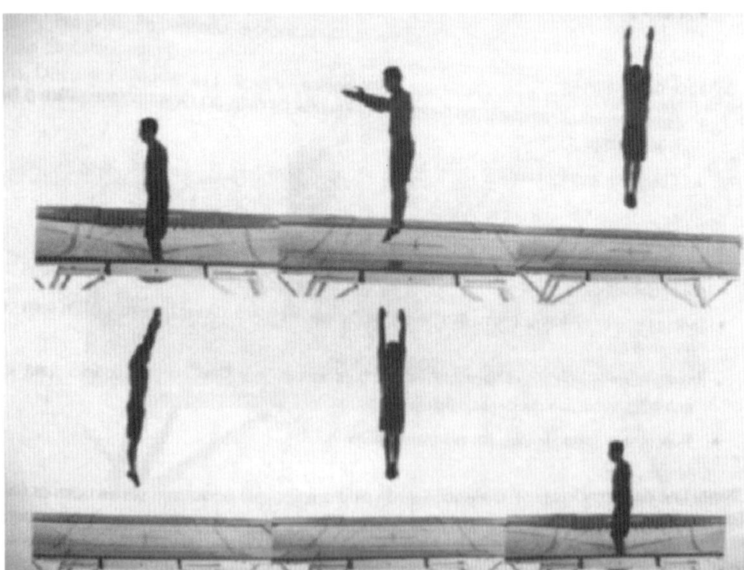

Fig. 43. Salto pirueta

– Queda sentada. Cair sobre a tela sentado, mantendo um ângulo de 90° na flexão dos quadris, braços estendidos ao lado do corpo, mãos espalmadas com os dedos voltados para frente tocando a rede, pernas estendidas e pés unidos em máxima flexão plantar.

– Queda sentada – 1/2 pirueta – queda sentada – em pé. Cair na posição de sentado e quando a tela jogar, retornar a posição de pé em suspensão, realizar um giro de 180°, cair novamente sentado e retornar a posição inicial de pé.

– Queda de costas. Saltar deitando no ponto mais alto do salto, cair na posição de decúbito dorsal, costas retas, membros superiores em ângulo de 90° e membros inferiores em ângulo de 45° de flexão, retornando depois à posição inicial de pé (Fig. 44).

Fig. 44. Queda de costas

– Queda de frente. Cair em decúbito ventral sobre a CE com o pescoço estendido, queixo o mais longe possível da tela, mão na frente do rosto tocando a tela com as palmas das mãos e pernas flexionadas na vertical (Fig. 45).

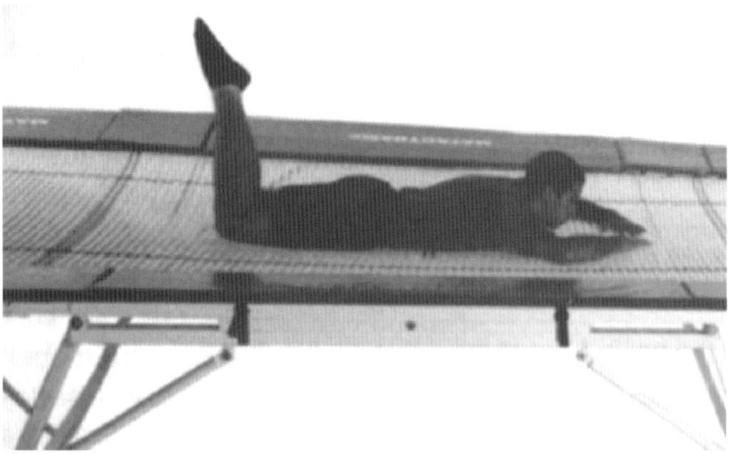

Fig. 45. Queda de frente

Montagem de séries. Quando o executante apresentasse uma boa técnica de execução desses exercícios era iniciado o treinamento de séries, diversificando-se, a sequência e o número dos mesmos.

Obs.: Os exercícios devem ser executados no ponto mais alto do salto.

9.4.1.3. Fase de desenvolvimento de habilidades motoras específicas ao voleibol

Quatro semanas para o treinamento dos fundamentos do voleibol. Nessa fase é dada ênfase para os movimentos da cortada e do bloqueio, realizando-se os exercícios das fases anteriores apenas como aquecimento e descontração. Os exercícios dessa fase são os seguintes:

- **Bloqueio reto.** Saltar executando o bloqueio no ponto mais alto do salto.
- **Salto com uma perna.** Realizar saltos com uma perna, procurando deixar a outra o mais descontraída possível.
- **Bloqueio inclinado.** Saltar executando o bloqueio no ponto mais alto do salto, inclinar o tronco lateralmente e retornar à posição inicial.
- **Salto esticado.** Saltar seguidamente, procurando atingir a maior altura possível.

– Pirueta. Saltar realizando piruetas consecutivas.

– Cortada. Realizar a cortada, com a corrida de aproximação, enfatizando a correção do gesto desportivo.

9.4.2. Treinamento do equilíbrio na panca *fit*

Outro equipamento que pode ser usado com eficiência para o aprimoramento da capacidade de equilíbrio corporal é a *pancafit* (PF). Raggi, em 1987, desenvolveu uma cadeira regulável com 14 níveis de ajustes para o tronco e 14 níveis para os membros inferiores que proporciona a aplicação correta do método Raggi, ou seja, o "Alongamento Muscular global Descompensado". Segundo Silva e Raggi (2006), esta cadeira chamada de PF permite alongar, simultaneamente, todas as cadeias musculares em condições de total ausência de compensações, indicada para todas as pessoas, inclusive para atletas com a finalidade de aprimoramento da consciência corporal, da postura e do equilíbrio.

A PF é um recente e original equipamento utilizado pelos profissionais de saúde física e *wellness*. Multifuncional e simples, pode ser usada com autonomia no próprio lar, ou em aulas coletivas, ou sessões personalizadas em academias, pois vem acompanhado por um manual em CD. É um equipamento com característica única, pois permite focalizar o treinamento em um determinado ponto do corpo. A posição que o corpo ocupa no aparelho mantém a coluna vertebral sustentada e protegida, neutralizando quase completamente a ação da gravidade, favorecendo o desenvolvimento da consciência corporal (Fig. 46).

Uma postura correta e equilibrada é a expressão de um bom equilíbrio muscular e articular. Só existe boa postura se as estruturas muscular, óssea e ligamentar do aparelho locomotor estiverem em bom estado e fortalecidas e se, acima de tudo, funcionarem harmonicamente. Uma postura alterada, inevitavelmente, ocasionará comprometimento das funções motoras que, como uma bola de neve, provocará mais alterações posturais (PILONE; SILVA, 2006). A PF proporciona melhora na postura e na consciência corporal de seus praticantes, fatores que, sem dúvidas, proporcionam conjuntamente a melhora na capacidade de equilíbrio corporal.

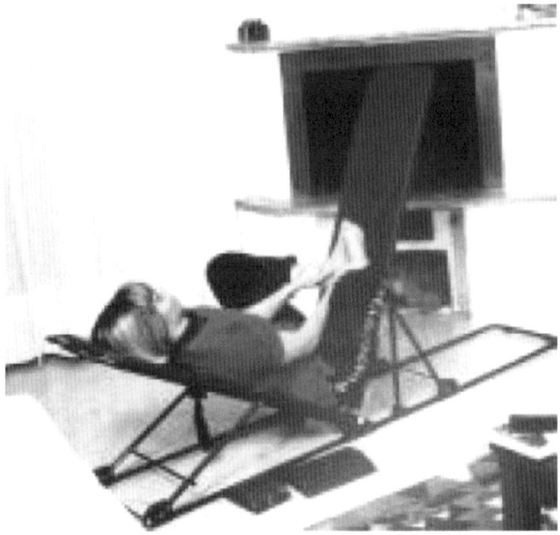

Fig. 46. *Pancafit*

9.4.2.1. Indicação da PF

É indicada para todas as pessoas que por tensões musculares, estresse, preocupações e má postura, sofrem dos mais variados distúrbios como: cervicalgia, lombalgia, lombosciatalgia, tendinite, bursite, sinovite, nervite, periartrite, tunnel carpal, dores nos ombros e nas mãos, câimbras, dores no quadril, artroses em qualquer parte do corpo, protusão, hérnia de discos, joanetes, etc.

É principalmente indicada às crianças para corrigir os vícios posturais oriundos da vida cotidiana: bolsas de materiais escolares pesadas, posturas curvadas decorrentes das carteiras escolares, longas horas assistindo à televisão e outros.

É indicada, também, aos desportistas de final de semana, para restabelecer o equilíbrio depois de uma atividade física descontinuada que sempre acarreta dores em alguma parte do corpo.

Aos atletas profissionais, na diminuição das assimetrias entre membros, pois segundo Spagnuolo, Machado e Peccin (2013), uma assimetria entre os membros inferiores gera déficit de potência muscular, má desaceleração do movimento e erros biomecânicos. Além disso, os mesmos poderão desfrutar de um momento de relaxamento em suas longas jornadas de trabalho árduo, enfrentadas nas rotinas de treinamento.

As pessoas que sofrem de problemas circulatórios, ao utilizarem de treinamento de posturas específicas, capaz de atuar nos pontos em que há retenção venosa e/ou linfática, principalmente nos membros inferiores, com certeza terão excelentes benefícios. Aos idosos que desejam se manter ativos, sem ter que fazer grandes esforços físicos, com treinamentos sucessivos, suavemente e sem ser cansar, poderão recuperar a mobilidade e a destreza, possibilitando a melhora de ações de locomoção e agachamento (SILVA; RAGGI, 2006).

Por ser a PF um equipamento que pode proporcionar prazer em sua prática, pouco extenuante, não causar lesão e ter sua eficiência aprovada para o aprimoramento da capacidade de equilíbrio corporal até em indivíduos que já apresentem bom nível de desenvolvimento dessa habilidade motora, o seu uso é altamente recomendado.

9.4.2.2. Treinamento na PF

A PF permite uma grande variedade de treinamento, específicos para cada objetivo. Reis (2011) observou melhoras na capacidade de equilíbrio corporal após aplicar a seguinte rotina de treinamento, durante um mês, em militares do Exército Brasileiro praticantes de Treinamento Físico Militar.

Primeira e segunda semana:

- ♣ Oito minutos de sensibilização. Em pé, olhos fechados, membros inferiores unidos, membros superiores relaxados ao lado do corpo. Perceber e escutar o corpo, praticando a respiração diafragmática.

A PF era regulada colocando-se as duas hastes no segundo orifício. O indivíduo deitava, devendo, sem a orientação visual, ajustar seu corpo de forma simétrica à mesma. O pesquisador observava e, se necessário, executava as correções na posição em relação a *pancafit*. Após isso, era iniciado o seguinte treinamento:

- ♣ Oito minutos de respiração diafragmática deitado na PF buscando perceber o corpo.

♣ Oito minutos de auto alongamento, da zona cervical, fazendo deslizar a zona occipital no encosto, mantendo o plano mastigatório perpendicular a PF e realizando exercícios de flexão e extensão plantar.

♣ Cinco minutos segurando as hastes, com os cotovelos flexionados, fazendo movimentos de Abdução e Adução de Ombro.

♣ Cinco minutos segurando as hastes, mantendo os cotovelos próximos em posição estática e repetindo os movimentos descritos anteriormente, com os pés.

♣ Cinco minutos mantendo os cotovelos separados (segurando as hastes – dorso das mãos paralelas ao chão) em posição estática e repetindo os movimentos descritos anteriormente com os pés.

♣ Cinco minutos segurando as hastes com as mãos, fazendo movimentos de extensão e flexão dos cotovelos.

♣ Cinco minutos mantendo os cotovelos estendidos (segurando as hastes – cotovelos direcionados para o teto) em posição estática e repetindo os movimentos descritos anteriormente com os pés.

♣ Cinco minutos mantendo os cotovelos estendidos (segurando as hastes – dorso das mãos paralelos ao chão) em posição estática e repetindo os movimentos descritos anteriormente com os pés.

Terceira e quarta semana:

♣ Cinco minutos de sensibilização. Em pé, olhos fechados, membros inferiores unidos, membros superiores relaxados ao lado do corpo. Perceber e escutar o corpo, praticando a respiração diafragmática.

O indivíduo deverá deitar no PF como descrito anteriormente.

♣ Cinco minutos de respiração diafragmática deitado na PF buscando perceber o corpo.

♣ Cinco minutos de autoalongamento, da zona cervical, fazendo deslizar a zona occipital no encosto da panca, mantendo o plano mastigatório perpendicular a PF.

♣ Cinco minutos de flexão e extensão plantar.

♣ Dez minutos de flexão, extensão, abdução e adução dos dedos dos pés.

♣ Quatro minutos segurando as hastes, com os cotovelos flexionados, fazendo movimentos de abdução e adução de ombro.

♣ Quatro minutos mantendo os cotovelos próximos (segurando as hastes) em posição estática e repetindo os movimentos com os pés, descritos acima.

♣ Quatro minutos mantendo os cotovelos separados (segurando as hastes – dorso das mãos paralelas ao chão) em posição estática e repetindo os movimentos com os pés, descritos acima.

♣ Quatro minutos segurando as hastes com as mãos, fazendo movimentos de extensão e flexão dos cotovelos.

♣ Quatro minutos mantendo os cotovelos (segurando as hastes – cotovelos direcionados para o teto) em posição estática e repetindo os movimentos com os pés, descritos anteriormente.

♣ Quatro minutos mantendo os cotovelos estendidos (segurando as hastes – dorso das mãos paralelos ao chão) em posição estática e repetindo os movimentos com os pés, descritos acima.

Obs:

a. deve-se manter sempre a respiração diafragmática e a postura simétrica na PF durante a realização dos movimentos;

b. a cada mudança de exercício, "engolir" a saliva.

c. Todos os exercícios devem ser feitos na seguinte ordem: primeiro um membro, depois o outro, depois alternado e, por último, os dois juntos.

BIBLIOGRAFIA

ASTRAND, Per-olof; RODAHL, Kaare. *Tratado de Fisiologia do Exercício.* 2. ed. Rio de Janeiro: Interamericana, 1980.

AVEIRO, M. C.; NAVEGA, M. T.; GRANITO, R. N.; RENNÓ, A. C. M.; OISHI, J. Efeito de um programa de atividade física no equilíbrio e na força muscular do quadríceps em mulheres osteoporóticas visando uma melhor qualidade de vida. *Rev Brás. Ci. e Mov.* 12(3): p. 33-8, 2004.

BARROS, C. G. C.; BITTAR, R. S. M.; BOTTINO, M. A. Recuperação do equilíbrio corporal na arreflexia vestibular bilateral por meio de interface homem-máquina (IHM): estudo preliminar. *Arq int otorrinolaringol.* 11(3): p. 278-83, 2007.

BASS, R. I. An anlysis of the components of tests of semicircular canal function and of estatic and dynamic balance. *Research Quarterl.* 10, p.33-52, 1939.

BEE, Helen. *A criança em desenvolvimento.* 3. ed. Trad: Rosana Amador Pereira. São Paulo: Harper & do Brasil, 1984.

BERG, Maki B.; WILLIAMS, J. Clinical and laboratory measures of postural balance in an elderly population. *Arch Phys Med Rehabil.* 73: p. 1073–80, 1992.

BERNE, R. M.; LEVY, M. N. *Physiology.* 3 ed. Mosby: Year Book, 1993.

RUNI, B. M.; GRANADO, F. B.; PRADO, R. A. Avaliação do equilíbrio postural em idosos praticantes de hidroterapia em grupo. *O Mundo da Saúde,* 32(1):p. 56-63, 2008.

CAMILA, Torriani; MOTAL, Eliane Pires de Oliveira; SIEBURTH, Claudia Regina; BARCELOS, Danielle Arcanjo; SCALA, Maurycio L. A.; GREGORACI, Paloma Pereira; COSTA, Théo A.; LUIZ, Thatiana C. Baldini; HAYASHI, Juliana L. Avaliação de diferentes pacientes neurológicos por meio do Teste de Functional Reach. *Rev Neurocienc.* 15/3: p. 190-94, 2007.

CARPENTER, Carlos Sandro. Biomecânica. Rio de Janeiro: Sprint, 2005.

CARPENTER, M.; FRANK, J. S.; WINTER, D. A.; PEYSAR, G. H. Sampling duration effects on centre of pressure summary measures. *Gait Posture,* 13: p. 35-40, 2001.

CASTAÑER, M.; CAMERINO, O. *La educación física en la enseñanza primaria.* Barcelona: Inde, 1993.

CHIARI L., Rocchi L.; CAPPELLO, A. Stabilometric parameters are affected by anthropometry and foot placement. *Clin Biomech (Bristol, Avon),* 17: p. 666-77, 2002.

DANTAS, Estélio M.; OLIVEIRA, R. *Exercício maturidade e qualidade de vida.* Rio de Janeiro: Shape, 2001.

DIAS, M. L.; TOTI, F; ALMEIDA, S. E. M.; OBERG, T. D. Efeito do peso para membros inferiores no equilíbrio estático e dinâmico nos portadores de ataxia. *Acta Fisiatr.* 16(3): p. 116-20, 2009.

DOUGLAS, Roberto Carlos. *Tratado de fisiologia aplicada às ciências da saúde.* 4. ed. São Paulo: Robe, 1999.

DROWATZKY, J. N.; ZUCCATO, F. C. Interrelationships between seleted measures of static and dynamic balance. *Research Quarterly.* 38: p. 9-51, 1967.

DUARTE, M.; HARVEY, W.; ZATSIORSKY, V. M. Stabilographic analysis of unconstrained standing. *Ergonomics.* 43: p. 1824-39, 2000.

ESCOLA DE EDUCAÇÃO FÍSICA DO EXÉRCITO. *Manual de atletismo.* Rio de Janeiro, 2000.

EUROFIT. Espanha, 1988.

FILHO, José Fernandes. *A prática da avaliação física.* Rio de janeiro: Shape, 1999.

FLEISHMAN E. A. *The structure and measurements of fhisical fitnes.* Englewood: Cliffs, N.T. Prentice, 1965.

GANDRA, V. D.; MELLO, R. G. T.; OLIVEIRA, L. F. NADAL, J. Influência do tempo de aquisição nos parâmetros do sinal estabilométrico. *Anais do XVIII Congresso Brasileiro de Engenharia Biomédica.* São José dos Campos, 2002.

GARCIA, A. P.; BACHA, A.; HACHUL, M.; HASSAN, S. E. Reabilitação vestibular personalizada em idosos com vestibulopatias. *Acta Orl — Técnicas em Otorrinolaringologia.* 27 (3): p. 111-5, 2009.

GATTS, S. A. Tai Chi Chuan training model to improve balance control in older adults. *Curr Aging Sci.* 1; p. 68-70, 2008.

GOUVEIA, Leonardo Moreira. Deficiência de equilíbrio relacionada à surdez: mito x Realidade. *Boletim da Federação Internacional de Educação Física,* 73: p. 72-4, 2003.

GUYTON, Arthur C.; HALL, John E. *Tratado de fisiologia médica.* 9. ed. Rio de Janeiro: Guanabara Koogan, 1997.

HINMAN, M. R. Comparison of two short-term balance training programs for community-dwelling older adults. J. *Geriatric Physical Ther.* 25:10-7, 2002.

HOLLE, B. *Sviluppo motorio nel bambino normale e ritardato.* Roma: Verduci, 1982.

HUGENER, D.; REIDT S. *Fitness benefits with T-Bow training.* Institute of Movement and Sport Sciences. Zurich University. Disponivel em: <www.t-bow.net/res_invest_manual2006.htm>. Acesso em: 23 out. 2009.

HURLEY, M. V.; NEEWAM, D. J.; HEES, J. Quadriceps function, Propioceptive and funcional performace in healthy young, middle-aged and acuitelderly subjects. *Age and ageing,* 27: p. 55-62, 1998.

HOWE, T. E.; ROCHESTER, L.; JACKSON, A.; BANKS, P. M. H.; BLAIR, V. A. Exercices for improving balance in older people. *Cochrane Database of Systematc Reviews,* (4): p. 49-63, 2007.

HURGEL, F.; CADOPI, M.; KOHLER, F.; PERRINE, P. Postural control of ballet dancers: a specific use of visual imput for artistic purposes. *International Journal Sports Medicine, Stuttgard,* 20(2): p. 86-92, 1999.

IMBIRIBA, L. A.; CRUZ, C. R.; MAINENTI, M. R. M.; MAGALHÃES, J.; GARCIA, M. A. C.; OLIVEIRA, L. F. Modification in the postural control during long-term standing. *Proceedings of the IV World Congress of Biomechanics,* Calgary, 2002.

JACOB, G.; BIAGGIONI, I.; MOSQUEDA-GARCIA, R.; ROBERTSON, R. M.; ROBERTSON, D. Relation of blood volume and blood pressure in orthostatic intolerance. *Am J. Med Sci.* 315: p. 95-100, 1998.

JOHNSON, B. L.; NELSON, J. K. *Practical measurements for evaluation in physical education.* Texas: Burgess, 1985.

YAGGIE, J. A.; CAMPBEL, B. M. Effects of balance training on selected skill. *J Strength Cond Res.;* 20(2): 422-8, 2006.

LAPIERRE, A. *La reeducación física*. 4. ed. Barcelona: Científico Médica, 1978.

LEAL, S. M. O.; BORGES, E. G. S.; FONSECA, M. A.; ALVES JUNIOR, E. D., CADER, S. A.; DANTAS, E. H. M. Efeitos do treinamento funcional na autonomia funcional, equilíbrio e qualidade de vida de idosas. *R. Bras. Ci. e Mov.* 17(3):p. 61-69, 2009.

LEE, A. B.; HEWITT, J. Using virtual imagery in a flotation tank to improve gymnastic performance and reduce phisical symptoms. *International Journal of Sport Psychology*, 18, n. 3, p. 223-30, 1987.

LIMA, Fernanda C.; GRASEL, Cláudia E.; FILHO, Aline S. Estamos envelhecendo. *Kinesis*, 15:p. 7-18, 1997.

LOW, S.; ANG, K. S. G.; CHEW, S. K. A systematic review of the effectiveness of Tai Chi on fall reduction among the elderly. *Archives of Gerentology and Geriatrics*, 48(3): p. 325-31, 2009.

MACHADO, Angelo B. M. *Neuroanatomia funcional*. 2. ed. Rio de Janeiro: Atheneu, 2004.

MANN, L.; KLEINPAUL, J. F.; TEIXEIRA, C. S.; ROSSI, A. G.; LOPES, L. F. P.; MOTA, C. B. Investigação do equilíbrio corporal em idosos. *Revista Brasileira de Geriatria e Gerontologia*, 11(2):p. 155-65, 2008.

MANONI, A. *Biomeccanica e divisione strutturale della ginnastica artistica*. Roma: Società Stampa Sportiva, 1985.

MC ARDLE, Willian D.; KATCH, Frank I.; KATCH, Victor L. *Essential of exercise physiology*. 2. ed. Philadelphia: Lippincott Willians & Wilkis, 2000.

MC GINNIS; METER, M. BIOMECÂNICA DO ESPORTE E EXERCÍCIO. Trad: Jacques Vissoky e maria da G. F. da Silva. Porto Alegre: Artimed, 2002.

MARINS, João C. Bouzas; GIANNICHI, Ronaldo S. *Avaliação e prescrição de atividade física:* guia prático. Rio de Janeiro: Shape, 1996.

MATSUDO, Sandra M. Mahecha. *Avaliação do idoso* – física & funcional. São Caetano do Sul: Edição Própria, 2000.

MAZO, Giovana Zarpellon. Atividade física: atitude dos idosos frente ao envelhecimento. *Kinesis*, 7:p. 77-99, 1991.

MEDRANO, I. C.; COLADO, J. C.; PABLOS, C.; NACLERIO, F.; MASSO, X. G. A lower-limb training program to improve balance in healthy elderly women using the T-bow Device. *The Physician and Sports Medicine*, 2(37): p. 127-35, 2009.

MELLO, R. G. T.; GANDRA, V. D.; OLIVEIRA, L. F.; NADAL, J. Influência do tempo de aquisição nos parâmetros do sinal estabilométrico. *Anais do XVIII Congresso Brasileiro de Engenharia Biomédica,* São José dos Campos, 406-10, 2002.

MOUNTCASTLE, Vernon B. *Medical Physiology*. Maryland: The C. V. Mosby Company, 1974.

NNODIM, J. O.; STRASBURG, D.; NABOZNY M. Dynamic balance and stepping versus tai chi training to improve balance and stepping in at-risk older adults. *J Am Geriatr Soc.* 54:1825-31, 2006.

OLIVEIRA, Gislene de Campos. *Psicomotricidade:* educação e reeducação num enfoque psicopedagógico. Petrópolis: Vozes, 2002.

OLIVEIRA, L. F. *Análise quantitativa de sinais estabilométricos na avaliação do equilíbrio de gestantes.* Tese (Doutorado) – COPPE, Universidade Federal do Rio de Janeiro, 1996.

PALMISCIANO, Gennaro. *500 ejercicios de equilibrio.* Barcelona: Hispano Europa, 1994.

PEREIRA, Benedito. Função das atividades motoras variadas para o rendimento físico: aspectos bioquímicos. *Revista Paulista de Educação Física,* São Paulo, 9(2): p. 147-63, 1995.

PILONI, S.; SILVA, J. G. B.; DOPICO, X. Alongamento muscular descompensado e postura. *Fitness & Performance Journal,* Rio de Janeiro: 5(6): p. 344-7, 2006.

PLATONOV, V. N.; BULATOVA, M. M. *La preparación física.* 3. ed. Barcelona: Paidotribo, 1998.

REIS, José Carlos Ferreira. *Voleibol* – treinamento da cortada e do bloqueio na Cama Elástica. Dissertação (Mestrado em Motricidade Humana). Universidade Castelo Branco. Rio de Janeiro, 2000.

______. SILVA, José Guilherme Fernandes Bertoni da; GOMES, André Luiz Marques; ACHOUR, Abdallah Junior; VALE, Rodrigo Gomes de Souza; DANTAS, Estélio Henrique Martin Dantas. *Acta Cientifica Venezolana,* 61(1-2):p. 72-8, 2010.

______. ENNES, Maurício G.; FLEGNER, Attila J. Treinamento do equilíbrio. *Revista de Educação Física,* Rio de Janeiro, ano 73, n. 131, p. 39-44, ago. 2005.

______; TEIXEIRA, Carla. *Atletismo da brincadeira ao alto rendimento.* Niterói: Nitpress, 2005.

______. *Equilíbrio estático, flexibilidade e concentração urinária de hidroxiprolina em militares ativos submetidos a dois métodos de treinamento:* cama elástica e pancafit. Tese de doutorado. Universidad Católica Nuestra Señora de Asunción, 2011.

ROBERTSON, D.; GORDON, E.; CALDWELL, Graham E.; HAMILL, Joseph; KAMEN, Gary; WHITTLESEY, Saunders. *Research methods in biomechanics*. Champaign: Human Kinetics, 2004.

RODRIGUES, B. G. S.; CADER, S. A.; TORRES, N. V. O. B.; OLIVEIRA, E. M.; DANTAS, E. H. M. Pilates method in personal auronomy, static balance and quality of life elderly femeles. *Journal of Bodywork & Movement Therapies*, 14: p. 195-202, 2010.

ROMBERG, M. H. *Lehrbuch der nervenkrankheiten des menschen*. Berlin: Duncker, 1946.

RONDINI, D.; CECILIANI, A.; TENTONI, C.; DRAGO, E. Swimming and posture on land: a randomized controlled on a group of children swimmers. *Medicina Dello Sport*, 64(1): p. 71-87, 2011.

ROSADAS, Sidney de Carvalho. *Educação física especial para deficientes*. 3. ed. São Paulo: Atheneu, 1991.

SALLES, M. *Hidroginástica*. Rio de Janeiro: Sprint, 1995.

SCHMIDTBLEICHER, Dietmar. Training for power events. *The Enciclopedia of Sport Medicine and Ioc Medical Commission Publication* in collaboration with the international federation of sport medicine. Komi: P. U., 1992.

SEASHORE, H. G. The development of a beam-walking test and its use in measuring development in children. *Research Quarterl*, 8: p. 246-59, 1947.

SHUMWAY-COOK, A.; WOOLLACOTT, M. *Motor control:* theory and practical applications. Baltimore: Lippincott Williams & Wilkins, 1995.

SHUMWAY-COOK, A.; BALDWIN, M.; POLISSAR, N. L.; GRUBER, W. Predicting the probability for falls in communitydwelling older adults. *Physical Therapy*, 77: p. 812-9, 1997.

SILVA, J. G. B.; RAGGI, D. Pancafit The Original melhora a postura. *Fitness e Performance Journal*, Rio de janeiro. 5(3):p. 192-5, 2006.

SILVA, C. A. C.; RIBEIRO, G. M.; RABELO, R. J. A influência da dança no equilíbrio corporal de deficientes visuais. *Movimentum — Revista Digital de Educação Física*, Ipatinga, Unileste, 3(1):p. 35-9, 2008.

SILVA, R. O.; GIANNICHI, R. S. Coordenação motora: uma revisão de literatura. *Revista Mineira de Educação Física*, 32: p. 17-41, 1995.

SIMMONS, R. W.,Neuromuscular responses of trained ballet dancers to postural perturbations. *Int J Neurosci*, 115: p. 1193-203, 2005.

SOUTULLO, José L. Aragunde. Equilíbrio. *Fundamentos de la Motreicid*. Madrid: Gymnus, 2000.

SOUZA, D. O. R.; SILVA, V. F. A importância do treinamento mental na reorganização do equilíbrio corporal em gerontes. *Fitness & Performance Journal*, 5(2): p. 91-4, 2006.

SPAGNUOLO, D. L.; MACHADO, F. A.; PECCIN, M. S. Avaliação da simetria e descarga de peso entre os membros inferiores de atletas de futebol categoria de base. *Revista Brasileira de Medicina do Esporte*, v. 19(6): p. 23-9, 2013.

TECCO, S.; SALINI, V.; CALVISI, V.; COLUCCI, C.; ORSO, C. A.; FESTA F.; D`ATTILIO, M. Effects of anterior cruciate ligament (ACL) injury on postural control and muscle activity of head, neck and trunk muscles. *Journal of Oral Rehabilitation*, 32: p. 1-12, 2005.

TINETTI, M. E. Performance-oriented assessment of mobility problems in elderly patients. *Journal Am Geriatr Soc.*, 34: p. 119-26, 1986.

TUREK, Samuel L. *Ortopedia princípios e sua aplicação.* 4. ed. Barueri: Manole, 1991.

WEINECK, Jürgen. *Treinamento ideal.* 9. ed. Barueri: Manole, 1999.

WOLF, L. A. Pregnancy. *Exercise testing and exercise prescription for special cases:* theorecal basis and clinical apllication in skinner. Philadelphia: Lea & Febiger, 1993.

WOOLEY, S. M.; RUBIN, A. M.; KNATNER, M.; ARMSTRONG, C. W. Differentiation of balance deficits through examination of selected components of static stabilometry. *Journal Otolaryngol.* 22: p. 899-908, 1993.

WU, W. L.; WEI, T. S.; CHEN, S. K.; CHANG, J. J.; GUO, L. Y.; LIN, H. T. The effect of chinese yuanji-dance on dynamic balance and the associates attentional demands in elderly adults. *Journal of Sports Science & Medicine*, 9: p. 119-26, 2010.

ZAKHAROV, A. *Ciência do treinamento desportivo.* Rio de Janeiro: Palestra Sport, 1992.

Impressão e Acabamento:

EXPRESSÃO & ARTE
EDITORA E GRÁFICA

Fones: (11) 3951-5240 | 3951-5188 | 3966-3488
E-mail: atendimento@expressaoearte.com
www.graficaexpressaoearte.com.br